気軽にはじめる

すてきな
ドイツ語

清水紀子

増補
新版

白水社

装丁・レイアウト：森デザイン室

音声吹込：Marei Mentlein

イラスト：下西盛国

は じ め に

　この本を手にされた方は、おそらく「ドイツ語でもやってみようかな」あるいは「ドイツ語を習いはじめたけど、文法がよくわからないな……」などと思っているのではないでしょうか？　『気軽にはじめる　すてきなドイツ語［増補新版］』は、そんな初めてドイツ語を学ぶ人のために書かれた「入門書」です。

　「参考書」ではありますが、わたしが普段、大学で教えているのと同じように、読者の皆さんに「授業」をするつもりで「語り」ました。

✤初習者に「わかりやすい」！

　初習者にとって本当に大事なことを優先しました。そのため、従来の初級文法に含まれる項目でも、使用頻度が比較的低く、後回しでもよいと判断したものは、思い切って割愛しています。あえて、そうすることで、「学びやすさ」と「わかりやすさ」を重視したのです。

✤コンパクトだから、「いつでも」「どこでも」♪

　見開き２ページで１課というコンパクトな構成なので、通勤や通学などのスキマ時間に、いつでも気軽に学んでいただけます。

　増補新版の刊行にあたり、文法事項の補足として「受動態」「比較と最上級」を加え、より内容を充実させました。また、ドイツ人がよく使うお祝いや励まし、声かけなどの表現を「すぐに使えるドイツ語」としてまとめました。気軽に使いながらドイツ語に親しんでいただくきっかけになればと思います。

　皆さんのちょっとした時間を「すてきな」ドイツ語のレッスンにしていただけたら幸いです。

2024 年春　　著　者

はじめに ……………………………………………………………… 3

アルファベット ……………………………………………………… 8
発音のルール ………………………………………………………… 9
あいさつ ……………………………………………………………… 11

第❶課 **まずは自己紹介** ………………………… 12
規則動詞の人称変化（1 人称と 2 人称）

第❷課 **ドイツ語の文の作り方** ………… 14
定動詞第 2 位の原則

第❸課 **質問してみよう！** ………………………… 16
いろいろな疑問詞

第❹課 **「彼」と「彼女」** ……………………………… 18
規則動詞の人称変化（3 人称単数と複数）

第❺課 **ちょっと「不規則な」規則動詞** ………… 20
規則動詞の人称変化（heißen と arbeiten）

第❻課 **「わたしは日本人です」** …………………… 22
最も重要な不規則動詞① sein

第❼課 **「～を持っています」** ……………………… 24
最も重要な不規則動詞② haben

第❽課 **趣味について話す** ………………………… 26
不規則動詞 fahren 型、sprechen 型、lesen 型

第❾課 **nehmen は「取る」「決める」** ……… 28
特殊な不規則動詞 nehmen と wissen

第❿課 **ちょっとおねがい！** ……………………… 30
命令・依頼

確認しよう！ 動　詞 ……………………………………… 32

第⓫課 「机」は男、「時計」は女？ ⋯⋯⋯⋯ 34
名詞の性と定冠詞

第⓬課 「格」って何？ ⋯⋯⋯⋯ 36
1 格と 4 格

第⓭課 「〜に」は 3 格で ⋯⋯⋯⋯ 38
3 格と 3 格支配の動詞

第⓮課 「わたしに」「わたしを」 ⋯⋯⋯⋯ 40
人称代名詞の格変化 mir, mich

第⓯課 1, 2, 3 は eins, zwei, drei ⋯⋯⋯⋯ 42
数

第⓰課 「これは〜です」 ⋯⋯⋯⋯ 44
不定冠詞 ein と否定冠詞 kein

第⓱課 複数形は 5 パターン ⋯⋯⋯⋯ 46
名詞の複数形

第⓲課 「わたしの〜」 ⋯⋯⋯⋯ 48
所有冠詞

確認しよう！ 冠詞・代名詞 ⋯⋯⋯⋯ 50

第⓳課 「学校へ」 ⋯⋯⋯⋯ 52
前置詞①

第⓴課 鍵はどこ？ ⋯⋯⋯⋯ 54
前置詞② 3 格 / 4 格支配の前置詞

第㉑課 曜日には am、月には im ⋯⋯⋯⋯ 56
前置詞③ よく使う前置詞句

第㉒課 「それ」ではない es ⋯⋯⋯⋯ 58
非人称主語 es

第❷❸課 何時ですか？ ⋯⋯⋯⋯⋯⋯⋯⋯⋯ 60
時刻① 24 時制と 12 時制

第❷❹課 「〜時半」は要注意！ ⋯⋯⋯⋯⋯ 62
時刻② 12 時制

第❷❺課 動詞が分離する？ ⋯⋯⋯⋯⋯⋯⋯ 64
複合動詞① 分離と非分離

第❷❻課 前つづりには意味がある ⋯⋯⋯ 66
複合動詞② 分離動詞とその前つづり

確認しよう！ 前置詞・分離動詞 ⋯⋯⋯⋯⋯⋯⋯⋯⋯⋯⋯⋯⋯ 68

第❷❼課 「〜できる」 ⋯⋯⋯⋯⋯⋯⋯⋯⋯⋯ 70
助動詞① können

第❷❽課 「〜してもいいですか」 ⋯⋯⋯⋯ 72
助動詞② müssen と dürfen

第❷❾課 「〜したい」 ⋯⋯⋯⋯⋯⋯⋯⋯⋯⋯ 74
助動詞③ möchte と wollen

第❸⓿課 「〜したほうがいい？」 ⋯⋯⋯⋯ 76
助動詞④ sollen

第❸❶課 形容詞いろいろ ⋯⋯⋯⋯⋯⋯⋯⋯ 78
形容詞の語尾変化①

第❸❷課 形容詞も形が変わる！ ⋯⋯⋯⋯ 80
形容詞の語尾変化②

確認しよう！ 助動詞・形容詞 ⋯⋯⋯⋯⋯⋯⋯⋯⋯⋯⋯⋯⋯ 82

第❸❸課 文と文をつなげよう！ ⋯⋯⋯⋯ 84
接続詞と副文

第**34**課　文のつなげ方はいろいろ！ ………… 86
接続詞

第**35**課　「わたし自身」 …………………………… 88
再帰代名詞・再帰動詞

第**36**課　「〜すること」 …………………………… 90
zu 不定詞（句）

第**37**課　順番と日付の言い方 …………………… 92
序数

　　確認しよう！　接続詞・再帰動詞・zu 不定詞 …………… 94

第**38**課　過去分詞を作ろう！ …………………… 96
過去の出来事①

第**39**課　不規則動詞三要形を覚えよう！ ……… 98
過去の出来事②

第**40**課　現在完了形 ……………………………… 100
過去の出来事③

第**41**課　過去形 …………………………………… 102
過去の出来事④

第**42**課　「〜していただけますか」 …………… 104
丁寧な言い方（接続法 II 式）

　　確認しよう！　現在完了・過去・接続法 ………………… 106

補足 **1**　「〜される」 受動態 ……………………… 108
補足 **2**　「…より〜だ」「最も〜だ」 比較級と最上級 ……… 110
　　すぐに使えるドイツ語 ………………………… 112
　　この本に出てきた単語 ………………………… 116
　　切りとり単語カード ………………………… 126

アルファベット

 01

ドイツ語のアルファベットは、A ～ Z は英語と同じです。それに加えて、ドイツ語特有の「ウムラウト（Umlaut）」と呼ばれる三つの「変母音」ä、ö、ü があり、さらに「エスツェット」ß があります。

英語と同じアルファベットではありますが、発音はかなりちがいます。

A a アー	**B b** ベー	**C c** ツェー	**D d** デー	**E e** エー	**F f** エフ	**G g** ゲー
H h ハー	**I i** イー	**J j** ヨット	**K k** カー	**L l** エル	**M m** エム	**N n** エン
O o オー	**P p** ペー	**Q q** クー	**R r** エル	**S s** エス	**T t** テー	**U u** ウー
V v ファオ	**W w** ヴェー	**X x** イクス	**Y y** ユプシロン	**Z z** ツェット		
Ä ä エー	**Ö ö** エー	**Ü ü** ユー	**ß** エスツェット			

ß ← 小文字しかない

♣ 間違いやすいアルファベットの発音

① L と R

L は英語と同じです。R は「エル」の「ル」の音を、うがいするときのように、のどに息をからませて発音します（英語の R ともちがいます）。

② B と W

B は上下の唇を合わせて「ベー」と発音。W は上の前歯を下唇に軽くあてて、「ヴェー」と発音します。

♣ ウムラウトとその発音

ウムラウトは ä、ö、ü の三つだけです（その他のアルファベットに変音記号「¨」がつくことはありません）。

ä 「エー」と発音（ただし、口は左右にあまり引っ張らない）

ö 口は丸めて o の形で「エー」と発音（「オー」と「エー」の中間のような音）

ü タコのように唇を突き出した u「ウ」の形で、「ユー」と発音

❖ 発音の大原則

1. **基本**はローマ字読みで大丈夫。

2. **アクセント**はふつう最初（第一音節）にあります。

❖ 発音に注意するつづり

ei	「アイ」	Eis　アイス、氷 アイス	Arbeit　仕事 アルバイト	
eu	「オイ」	Europa　ヨーロッパ オイローパ	Freude　喜び フロイデ	
äu	「オイ」	Fräulein　お嬢さん フロイライン		
ie	「イー」	Liebe　愛 リーベ	Bier　ビール ビーア	

母音＋h　h は発音せず、その前の母音をのばします。

　　　　Bahn　鉄道　　gehen　行く　　Uhr　時計
　　　　バーン　　　　　ゲーエン　　　　ウーア

s	「ズ」と濁るときと、「ス」と濁らないときがあります。			
		Suppe　スープ ズッペ	Haus　家 ハオス	
sp	「シュプ」	Sport　スポーツ シュポルト	Spiel　遊び シュピール	
st	「シュトゥ」	Student　大学生 シュトゥデント	Stock　階 シュトック	
ß	「ス」	Fußball　サッカー フースバル	Straße　通り シュトラーセ	
sch	「シュ」	Tisch　机 ティッシュ	Englisch　英語 エングリッシュ	c が入るよ！
tsch	「チュ」	Deutsch　ドイツ語 ドイチュ		

ch　「ハ」「ヒ」「フ」「ホ」、ただし、日本語のハ行の音とはちがい、息
　　　を吐きだすような音です。

　　　acht 8　München　ミュンヒェン　Buch　本　Koch　コック、料理人
　　　アハト　　ミュンヒェン　　　　　　　ブーフ　　　コッホ
　　　　　　　　＊その他、「キ」や「シャ」などと発音するときもあり

語末の -d, -g, -b　「ト」「ク」「プ」　濁りません！

　　　　　　　Abend　晩　　Tag　日　　Urlaub　休暇
　　　　　　　アーベント　　　ターク　　　ウーアラオプ

語末の -ig　「イヒ」　richtig　正しい　König　王
　　　　　　　　　　　リヒティヒ　　　　ケーニヒ

j	「ヤ」「ユ」「ヨ」	＊「ジャ」「ジョ」ではありません				
			Japan 日本 ヤーパン		ja はい ヤー	Juni 6月 ユーニ
v	「フ」	濁らない	Vater 父 ファーター		Vogel 鳥 フォーゲル	
w	「ヴ」	濁る	Wagen 車 ヴァーゲン		Wien ウィーン ヴィーン	
z	「ツ」	濁らない	Zug 電車 ツーク		Zoo 動物園 ツォー	

> **コラム** ▶ ドイツ人の名前

♣ Familienname 「姓」
ファミリエンナーメ

　ドイツ人によくある姓は、Bauer、Schmidt、Schneider、Meier、Müller
　　　　　　　　　　　　　　　　　バウアー　　シュミット　　シュナイダー　　マイヤー　　ミュラー
といったところでしょうか。おもしろいことに多くの姓には意味がありま
す。たとえば、Bauer は「農夫」、Schneider は「仕立て屋」、Müller は「粉
屋（製粉業者）」です。

　「〜さん」と丁寧な言い方で呼ぶときは、相手が男性なら姓のまえに
Herr... を、女性なら Frau... をつけます（英語の Mr. と Ms. にあたります）。
ヘル　　　　　　　　　フラオ

$$\textbf{Herr Meier}\quad \text{マイヤーさん、マイヤー氏}$$
　　　ヘル　　マイヤー

$$\textbf{Frau Meier}\quad \text{マイヤーさん、マイヤー夫人}$$
　　　フラオ　　マイヤー

♣ Vorname 「名」
フォーアナーメ

　よくある男性の名前は Maximilian、Alexander、Paul、Hans、Christian
　　　　　　　　　　　　マクスィミーリアーン　　アレクサンダー　　パオル　　ハンス　　クリスティアン
など、女性は、Sophie、Marie、Anna、Julia など。おもに、王や聖人、
　　　　　　　ゾフィー　　マリー　　アナ　　ユーリア
聖女の名前に由来します。また音の響きも大事で、女性の名前は -a や -e
で終わることが多いようです。Vorname を聞いただけで、男女の性別が
　　　　　　　　　　　　　　　フォーアナーメ
できることは、とても大事なことなのです。

● 一日のあいさつ

Guten Morgen!　おはよう！　　　　**Hallo!**　やあ！
グーテン　　モルゲン　　　　　　　　　　　　ハロー

Guten Tag!　　こんにちは！
グーテン　　ターク

Guten Abend!　こんばんは！
グーテン　　アーベント

Gute Nacht!　　おやすみ！　◁ これだけ Gute で n はつきません！
グーテ　　ナハト

● 別れのあいさつ

Auf Wiedersehen!　さようなら！　**Tschüs!**　バイバイ！
アオフ　　ヴィーダーゼーエン　　　　　　　　チュース

● ありがとう！

Danke (schön)!　ありがとう！　　**Bitte (schön)!**　どういたしまして！
ダンケ　　シェーン　　　　　　　　　　ビッテ　　シェーン

● すみません！

Entschuldigung!　すみません！（ちょっといいですか？）/ 失礼！
エントシュルディグング

Tut mir leid.　　ごめんなさい。申し訳ない。
トゥート　ミーア　ライト

　Entschuldigung! は英語の Excuse me! にあたり、知らない人に声をか
　　　エントシュルディグング
けるときや、失礼を詫びるときに使います。単語が長く発音も少し難し
いのですが、大事な言葉ですので、がんばって言えるようになりましょ
う！ Tut mir leid. は英語の I'm sorry. にあたり、相手の期待に添えない
　　トゥート ミーア ライト
とき、断るとき、また相手に同情を示すときにも使います。

♣ いろいろ使える bitte
　Bitte! は「どういたしまして」の他にも、いろいろなシーンで役に立つ
　ビッテ
便利な言葉です。英語の please の意味もあるので、席を譲ったり、他の
人に道を譲ったりするときも Bitte!「どうぞ！」。レストランやカフェで
の注文や買い物でも使えます。たとえば、Kaffee「コーヒー」を注文した
　　　　　　　　　　　　　　　　　　　　カフェー
いときは、Kaffee, bitte!「コーヒーください」と言うだけでいいのです。
　　　　　　カフェー　　ビッテ

🎧04

〜〜

　ドイツ語では、主語によって動詞の形が変わります。英語でも I come → he comes のように少し変化しますが、ドイツ語ではもっといろいろな変化をするのです。最初の課では、初級文法の中で最も重要なこの動詞の変化について、しっかりと学びましょう。

❶　主語によって動詞の形が変わる!

　　主語⤵　　　　⤴動詞

Ich komme aus Japan.　わたしは日本から来ました。
　イヒ　　コメ　　アオス　ヤーパン
　わたしは　来る　〜から　日本

　自分の出身を言うときによく使う表現です。主語と動詞に注目してください。ich「わたしは」（1 人称単数）が主語、動詞は komme「来る」です。
　　　　　　イヒ　　　　　　　　　　　　　　　　　　　　コメ
英語の come によく似ていますね。aus は、英語の from に相当する前置詞で「〜から」という意味です。次に、主語を Sie「あなた」（2 人称）に
　　　　　　　　　　　　　　　　　　　　　　　　　　ズィー
変えてみましょう。

Sie kommen aus England.　あなたはイギリスから来ました。
ズィー　コメン　アオス　エングラント
あなたは　来る　〜から　イギリス

　最初の例文と比べてみましょう。主語が変わったら、動詞の形も少し変わっていますね。Ich komme / Sie kommen となっています。このよう
　　　　　　　　　　　　イヒ　コメ　　ズィー　コメン
にドイツ語では主語によって、動詞の形が少し変わります。ちなみに「あなたは」という意味の Sie は、文頭、文中にかかわらず、つねに S を大
　　　　　　　　　　　ズィー
文字で書きます。
　話し相手（2 人称単数）を指す主語にはもう一つ、du というものがあ
　　　　　　　　　　　　　　　　　　　　　　　　ドゥー
ります。Sie が初対面の人や敬語を使うべき相手に用いる「丁寧な言い方の」you なのに対し、du は友人や家族に対して用いられる「親しみのある」you なのです。

Du kommst aus Deutschland. きみはドイツから来ました。

ドゥー　コムスト　アオス　ドイチュラント

きみ　　来る　　〜から　　ドイツ

主語が du のときは、動詞は kommst という形になっていますね。

コムスト

❷ 「不定詞」とは？

このように、動詞は文の中では、主語によって形が少し変化して用いられます。これを動詞の「人称変化」と言います。しかし、英語でもそうなのですが、辞書で単語をひくときや、動詞を覚えるときは、変化している形ではなく、「原形」を知っていなければなりませんね。ドイツ語では動詞の原形を「不定詞」と呼びます。「来る」の不定詞は kommen です。ほとんどの不定詞が、このように -en で終わっているのですが、この -en を「語尾」と呼びます。

コメン

不定詞は語幹と語尾からできています。

kommen

語幹　　　　語尾

主語（の人称と数）によって変化するのは、おもに語尾のほうで、語幹は基本的に変化しません。

ich komme　わたしは来る

イヒ　コメ

du kommst　きみは来る

ドゥー　コムスト

Sie kommen　あなたは来る

ズィー　コメン

ここに注意！

　動詞を人称変化させるときは、不定詞の語尾 -en を取りのぞいた上で -e や -st をつけることになります。不定詞にそのまま語尾を足して、ich kommene としたり、語尾の e だけ中途半端に残したまま du kommest などとしないように気をつけましょう！　ちなみに Sie が主語のときは、動詞は不定詞と同じ形です。

13

第2課 ドイツ語の文の作り方

定動詞第2位の原則

🎧05

❶ 定動詞は2番目！

前の課で見たように、動詞は実際に文で使われるときは、主語によって変化するのですが、そのように人称変化した動詞のことを「定動詞」といいます。

Ich wohne jetzt in Berlin. わたしは今、ベルリンに住んでいる。
イヒ　ヴォーネ　イェッツト イン ベルリーン
　1　　　2
わたしは　住んでいる　今　ベルリンに

ここでは wohne が定動詞です。この例文のように疑問文でも命令文でもなく、ごく普通に物事を述べる文（平叙文）では、必ず定動詞を2番目に置きます。これはドイツ語のとても重要な決まりで「定動詞第2位の原則」といいます。一方、主語（ここでは ich）は必ずしも文頭にくるとは限りません。

Jetzt wohne ich in Berlin. 今、わたしはベルリンに住んでいる。
イェッツト　ヴォーネ　イヒ イン ベルリーン
　1　　　2

このように時や場所を表す語など、主語以外の成分を文頭に置くこともドイツ語ではよくあります。しかしその場合でも定動詞は必ず文の成分として2番目に置かれます（Jetzt ~~ich wohne~~ in Berlin. という語順は正しくありません）。ただし定動詞は単語の2番目とは限りません。次の例文を見てください。

In Berlin wohne ich jetzt. ベルリンに、わたしは今住んでいる。
イン ベルリーン　ヴォーネ　イヒ イェッツト
　　1　　　　　2

in Berlin のように複数の語からなる句が最初に置かれることもありま
イン ベルリーン

14

す。in Berlin は場所を示す前置詞句で、二つの単語でまとまった意味を表しますので「ひとかたまり」とみなします。この例文では、定動詞 wohne は「単語」としては3番目ですが、「文の成分」としては2番目だと言えるのです。

❷ 疑問文の作り方（疑問詞なしの場合）

今度はドイツ語で質問してみましょう。最初の例文を参考に、主語を Sie「あなた」に変えて、疑問文を作ります。
ズィー

Wohnen Sie jetzt in Berlin? あなたは今ベルリンに住んでいるのですか？
ヴォーネン　ズィー　イェッツト　イン　ベルリーン

ドイツ語の疑問文の作り方はとても簡単です。英語の do や does のような語を入れる必要はなく、ただ、定動詞を最初にもってくるだけでいいのです。そして英語と同様、文末に「？」をつけます。発音するときは文末のイントネーションをしっかり上げましょう。

答えは、ja「はい」か nein「いいえ」です。
　　　　　ヤー　　　　　ナイン
「はい」のときは、

Ja, ich wohne jetzt in Berlin.
ヤー　イヒ　ヴォーネ　イェッツト　イン　ベルリーン

はい、わたしは今、ベルリンに住んでいます。

「いいえ」のときは、

Nein, ich wohne jetzt nicht in Berlin.
ナイン　イヒ　ヴォーネ　イェッツト　ニヒト　イン　ベルリーン

いいえ、わたしは今、ベルリンには住んでいません。

となります。

nicht「～でない」は英語の not にあたり、否定文を作るときに使います。
ニヒト
普通は否定したい語や句の前に置くか、文末に置きます。

~~~~~~

❶ 「何」「だれ」「どこ」

「何」「だれ」「どこ」など、いろいろな疑問詞をつけて質問することもできます。まずはどのような疑問詞があるのか、代表的なものを見てみましょう。

wie どのように ヴィー	**wo** どこに ヴォー	**woher** どこから ヴォヘーア	**was** 何が（を） ヴァス
wer だれが ヴェーア	**warum** なぜ ヴァルム	**wann** いつ ヴァン	

❷ 疑問文の作り方（疑問詞ありの場合）

ここからは、自己紹介でよく使う文で、疑問詞の使い方を学んでいきましょう。まずは wo「どこに」を使って、「住んでいるところ」をたずねてみます。
ヴォー

Wo wohnen Sie?　あなたはどこに住んでいるのですか？
ヴォー　ヴォーネン　ズィー

疑問詞のある疑問文では、必ず疑問詞を最初に置き、2 番目に定動詞が来ます。wo は英語の where にあたる「場所」を問う疑問詞ですので、答えるときは ja や nein は使わずに、「場所」を答えます。
　　　　　　　　　　　　　　　　　ヤー　　ナイン

Ich wohne in Tokyo.　わたしは東京に住んでいます。
イヒ　ヴォーネ　イン　トーキョウ

次に「名前」をたずねてみましょう。

Wie heißen Sie?　あなたのお名前は？
ヴィー　ハイセン　ズィー

名前をたずねるとき日本語では「（名前は）何？」とききますが、ドイツ語では was「何」ではなく、wie「どのように」を使うことに注意しま
　　　　　　　　　ヴァス　　　　　　　　　　ヴィー

しょう。wie は英語の how にあたる語で、「状態や方法」を問う疑問詞です。heißen は「〜という名前である」という意味の動詞で、主語（人や物）の名前を表します。はじめは使い方にとまどうかもしれませんが、慣れてしまえば自己紹介のときや、人や物の名前をたずねるときにとても便利な言葉です。自分の名前を答えるときは

Ich heiße Noriko Shimizu.　わたしの名前はシミズノリコです。
イヒ　　ハイセ

波線の部分に自分の名前を入れればいいだけです。

　次に「出身」をたずねてみましょう。

Woher kommen Sie?　あなたはどこから来たのですか？
ヴォヘーア　　コメン　　ズィー

woher「どこから」は、wo「どこ」と her「こちらへ」という二語から成り立つ語です。英語なら Where do you come from? というように、where と前置詞 from を別々に使う必要があるのに対し、ドイツ語では woher と一語になっていますので、便利ですね。答えるときは、英語の from にあたる前置詞 aus「〜から」を使い、その後に出身の国名や都市名を入れてください。

Ich komme aus Japan.　わたしは日本から来ました。
イヒ　コメ　アオス　ヤーパン

　第1課の最初に出てきた文ですね。woher で問われているのは波線部 aus Japan です。aus を入れわすれないように、気をつけましょう！

「彼」と「彼女」

規則動詞の人称変化（3人称単数と複数）

 🎧07

❶ 3人称単数の人称変化

　これまでは、「わたし」と「あなた」、つまり自分（1人称）と相手（2人称）だけを主語にしてきました。この課からは、「彼」や「彼女」や「それ」という3人称の代名詞も使っていきます。まずは、er「彼は」sie「彼女は」es「それは」の三つを覚えましょう。これらを主語にしたとき、動詞の語尾はどれも –t になります。lernen「学ぶ」で見てみましょう。

er lernt
エア　レルント
彼は学ぶ

sie lernt
ズィー　レルント
彼女は学ぶ

es lernt
エス　レルント
それは学ぶ

❷ 複数の人称変化

　人称代名詞には複数もあります。動詞と一緒に見てみましょう。

wir lernen
ヴィーア　レルネン
わたしたちは学ぶ

ihr lernt
イーア　レルント
きみたちは学ぶ

sie lernen
ズィー　レルネン
彼らは学ぶ

Sは大文字 〜▷ **Sie lernen**
ズィー　レルネン
あなたたちは学ぶ

　wir「わたしたち」は1人称複数（ich の複数形）です。ihr「きみたち」は2人称複数（親称 du の複数形）、sie「彼ら、それら」は3人称複数（er, sie, es の複数形）です。2人称敬称 Sie「あなた」「あなたたち」は単数でも複数でも同じ形になります。

　ihr が主語のとき、動詞の語尾は –t ですが、それ以外は –en で、不定詞と同じなので覚えやすいですね。

❸ sie は三つもある？

　人称代名詞には全く同じ形の sie が二つあり、さらに s が大文字の Sie

があるのがまぎらわしいですね。どの sie（Sie）なのか、いったいどのように見分けたらいいのでしょう。たとえば、

Sie lernt Deutsch.
ズィー　　レルント　　　　ドイチュ

sie –t となっていることに注目しましょう。動詞の語尾から判断して、この sie は「彼女は」であり、この文は「彼女はドイツ語を学んでいる」という意味だとわかります。では、次の文はどうでしょう？

Sie lernen Deutsch.
ズィー　　　レルネン　　　　ドイチュ

今度は動詞の語尾は –en です。動詞の形から判断すると主語は「彼らは」の sie か、「あなたは」「あなたたちは」の Sie です。しかし人称代名詞が文頭にあり、最初の文字が大文字になっているので、sie なのか Sie なのか、形で判断することはできません。つまり、この文は「<u>彼らはドイツ語を学んでいる</u>」という意味にも、「<u>あなた（たち）はドイツ語を学んでいる</u>」という意味にもなりえるのです。こういう場合は、文脈で判断するしかありません。

まとめ　動詞の人称変化

不定詞　kommen（来る）
コメン

	単数	複数
1人称	**ich komme** イヒ　　コメ	**wir kommen** ヴィーア　コメン
2人称	**du kommst** ドゥー　コムスト	**ihr kommt** イーア　コムト
3人称	**er (sie, es) kommt** エア　ズィー　エス　コムト	**sie kommen** ズィー　コメン
	Sie kommen ズィー　コメン	

＊3人称単数（er, sie, es）はふつう er が代表します。

ここがポイント！　　主語と動詞の語尾をセットにして、ich –e, du –st, er –t, wir –en, ihr –t, sie –en, Sie –en と覚えましょう！

第5課 ちょっと「不規則な」規則動詞

規則動詞の人称変化（heißenとarbeiten） 🎧08

❶ ちょっと「不規則な」規則動詞？

これまで動詞がどのように人称変化するかを学んできましたが、そこで取り上げた動詞はすべて、一定のルールにしたがって語尾が変化する「規則動詞」でした。つまり、語尾さえしっかり覚えれば、どんな規則動詞でも同じやり方で正しく人称変化させることができます。しかし、「規則動詞」の中でも、発音上の都合で少しだけルールからはずれた形になる動詞があります。

♣ heißen 型
ハイセン

Wie heißt du? きみ、名前は？
ヴィー　ハイスト　ドゥー

heißen「～という名前です」はちょっと注意が必要です。Ich heiße ...
ハイセン　　　　　　　　　　　　　　　　　　　　　　　　　　　　　　イヒ　ハイセ
と自分の名前を言うときは、規則どおりの語尾変化でいいのですが、若者同士が du で名前をたずねあったりするときには、ちょっとだけ規則からはずれるのです。heißen のように、語幹が s や ß, z で終わる動詞では、主語が du のとき、語尾は –st ではなく –t になります。これは ß が「ス」という音なので、ルールどおりに –st をつけると「ス」の音が重なってしまうからです。sitzen「すわっている」（du sitzt）、tanzen「ダンスをする」
　　　　　　　　　　　　　　　　　　ズィッツェン　　　　　　　　　　タンツェン
（du tanzt）などもこのタイプです。
タンツト

ich	heiß**e**	wir	heiß**en**
イヒ	ハイセ	ヴィーア	ハイセン
du	heiß**t**	ihr	heiß**t**
ドゥー	ハイスト	イーア	ハイスト
er	heiß**t**	sie	heiß**en**
エア	ハイスト	ズィー	ハイセン

Sie heiß**en**
ズィー　ハイセン

♣ arbeiten 型
アルバイテン

Er arbeitet fleißig. 彼は一生懸命働いている。
エア　アルバイテット　フライスィヒ

arbeiten「働く」のように語幹が t や d で終わる動詞では、主語が du, er (sie, es), ihr のとき語尾の前に e を入れ、du –est, er –et, ihr –et とします。-tst や -tt では発音しにくいからです。finden「見つける、〜だと思う」（du findest, er findet, ihr findet）などもこのタイプです。

ich	arbeit**e**	wir	arbeit**en**
	イヒ　アルバイテ		ヴィーア　アルバイテン
du	arbeit**est**	ihr	arbeit**et**
	ドゥー　アルバイテスト		イーア　アルバイテット
er	arbeit**et**	sie	arbeit**en**
	エア　アルバイテット		ズィー　アルバイテン
	Sie	arbeit**en**	
	ズィー	アルバイテン	

❷ 不定詞句

ドイツ語の辞書で熟語や用例を調べると、たとえば、

Englisch lernen　英語を習う
エングリッシュ　レルネン

という語順で示されています。ドイツ語では用例などを人称変化する前の形で示したいとき、目的語や前置詞句を先に置き、不定詞を最後に置きます。英語とはちがいますが、むしろ日本語とは似ていますね。このように不定詞が他の成分と結びついたものを不定詞句といいます。

❸ 2つの「学ぶ」 lernen と studieren
レルネン　　　　シュトゥディーレン

「ドイツ語を学んでいます」と言いたいときに、どちらの動詞を使ったらいいのでしょう？ lernen は英語の learn に、studieren は英語の study にあたる動詞です。どちらも「学ぶ」「勉強する」という意味で同じように思えます。しかし lernen が語学や特定の技術などを身につけるために、広い意味で「学ぶ、習う」というときに使うのに対し、studieren は「大学で（専門的に）学ぶ」という意味で使われます。ですから studieren の後ろには、よく専攻名がくるのです。第二外国語として大学でドイツ語を習っているならば、普通は lernen を用います。

Ich lerne Deutsch.　わたしはドイツ語を学んでいます。
イヒ　レルネ　ドイチュ

Ich studiere Germanistik.　わたしは大学でドイツ文学を専攻しています。
イヒ　シュトゥディーレ　ゲルマニスティク

「わたしは日本人です」

最も重要な不規則動詞① sein　🎧09

ドイツ語にも「不規則動詞」があります。動詞の人称変化が規則どおりではないものです。まずは最も重要で、最も特殊な変化をする sein という動詞から見てみましょう。
ザイン

❶ sein の現在人称変化
ザイン

sein「〜である」は英語の be 動詞にあたり、「A は B である」というときなどに使います。不定詞は sein ですが、実際に使われるときは全くちがう形に変化しますので、人称代名詞とセットにして、しっかり覚えましょう。
ザイン

ich bin	wir sind
イヒ ビン	ヴィーア ズィント
du bist	ihr seid
ドゥー ビスト	イーア ザイト
er ist	sie sind
エア イスト	ズィー ズィント
Sie sind	
ズィー ズィント	

❷ sein はどんなふうに使うの?

sein は自己紹介でも大活躍します。「どこの国の人か」(国籍) をたずねるときは、

Sind Sie Japanerin? —Ja, ich bin Japanerin.
ズィント ズィー ヤパーネリン　ヤー イヒ ビン ヤパーネリン

あなたは日本人 (女性) ですか? ──はい、日本人です。　(＊男性形は Japaner)
ヤパーナー

「職業」をたずねたいときは、次のように言います。

Was sind Sie von Beruf? —Ich bin Ärztin.
ヴァス ズィント ズィー フォン ベルーフ　イヒ ビン エルツティン

仕事は何をされているのですか? ──わたしは医者です。　(＊男性形は Arzt)
アルツト

Was sind Sie? 「あなたは何者ですか？」という問いに von Beruf 「職に
ヴァス ズィント ズィー　　　　　　　　　　　　　　　　　　　　　　　　　　　フォン　ベルーフ
関して」という句をつけているのです。

sein は形容詞とともに使って、主語の状態を表すこともできます。

Peter ist nett.　ペーターは親切だ。
ペーター　イスト　ネット

❸ 人や物を紹介する：das ist ...

英語では人や物を紹介するときに、This is ... 「こちらは〜です」と言
いますね。ドイツ語でも同様に Das ist ... 「これは（こちらは）〜」で人
　　　　　　　　　　　　　　　　　ダス イスト
や物を紹介します。

Wer ist das? ―Das ist Hans.
ヴェーア イスト　ダス　　　　ダス イスト　　ハンス

（写真を見ながら）これはだれですか？ ――これはハンスです。

ここで使われている das は「指示代名詞」といって、漠然と人や物を
　　　　　　　　　　　ダス
指して「それ」「これ」などと言いたいときに使います。名詞の性や数に
関係なく使えるので、人や物を紹介するときの便利表現として覚えましょ
う。

（ミニ練習）主語に注意しながら、sein を人称変化させてみましょう。

1. Ich (　　　　　) Österreicher.　　　わたしはオーストリア人です。

2. (　　　　　) du Japanerin?　　　　　きみは日本人なの？

3. Herr Sauer (　　　　) nett.　　　　　ザウアーさんは親切です。

4. Was (　　　　) Sie von Beruf?　　　仕事は何をされているのですか？

5. (　　　　) ihr Student?　　　　　　　きみたち大学生？

6. Wir (　　　　) glücklich.　　　　　　わたしたちは幸せです。

答）**1.** bin　**2.** Bist　**3.** ist　**4.** sind　**5.** Seid　**6.** sind

第7課 「〜を持っています」 10

最も重要な不規則動詞② haben

❶ haben の現在人称変化
ハーベン

sein の次に重要な動詞といえるのは、haben「持っている」です。
ザイン   ハーベン

ich	**habe**	wir	**haben**
イヒ	ハーベ	ヴィーア	ハーベン
du	hast	ihr	habt
ドゥー	ハスト	イーア	ハープト
er	hat	sie	**haben**
エア	ハット	ズィー	ハーベン
		Sie	**haben**
		ズィー	ハーベン

主語が du と er（sie, es）のとき不規則な形になります。でも sein ほど
特殊ではありませんね。

❷ haben はどんなふうに使うの？

haben は英語の have にあたる動詞で、何かを「持っている」「所有し
ている」という意味で使われます。

Ich habe Geld. わたしはお金を持っています。
イヒ　ハーベ　ゲルト

haben は他動詞なので、目的語を必要とします。上の文では Geld「お金」
ゲルト
が目的語です。けれども haben の目的語は、いつも具体的な「物」であ
るとは限りません。たとえば実体のない「概念」であることも多いのです。
そのような場合には、「持つ」「持っている」という日本語に合わないとき
もあります。たとえば、

Hast du Zeit? 時間ある？
ハスト　ドゥー　ツァイト

Zeit は「時間」なので、文字通り訳せば、「時間を持っている？」とな
ツァイト
りますが、そこは少し頭をやわらかくして、「時間ある？」「暇？」ぐらい
の意味にとらえたほうが自然でしょう。

❸ 「おなかがすいた」も haben で！

　日常会話の中で haben はとてもよく使われます。まずは「おなかがすいた」「のどが渇いた」の表現から見てみましょう。

Ich habe Hunger.　おなかがすいています。
イヒ　　ハーベ　　フンガー

Wir haben Durst.　わたしたちはのどが渇いています。
ヴィーア　ハーベン　ドゥルスト

　英語では「おなかがすいた」は I am hungry. と形容詞を使いますが、ドイツ語ではふつう名詞を使って Hunger haben「空腹を持っている」という言いかたをするのです。「のどが渇いた」も同じように、Durst「のどの渇き」という名詞を使って haben で表します。
　また、痛みを訴えるときにも haben が活躍します。

Ich habe Kopfschmerzen.　頭痛がします。
イヒ　　ハーベ　　コプフシュメルツェン

Er hat Zahnschmerzen.　彼は歯が痛いのです。
エア　ハット　ツァーンシュメルツェン

　Schmerzen は「痛み」です。この単語の前に Kopf「頭」や Zahn「歯」など体の部位を表す語をつけて、〜schmerzen haben という表現を使えば、さまざまな痛みを訴えることができます。

ミニ練習　主語に注意しながら、haben を人称変化させてみましょう。

1. Frau Wagner (　　　　　) Geld.　ヴァーグナー夫人はお金を持っています。

2. (　　　　) du Durst?　　　　　きみ、のど渇いてる？

3. Ich (　　　　) Zeit.　　　　　わたしは暇です（時間があります）。

4. Wir (　　　　) Hunger.　　　　わたしたちはおなかがすいています。

答）**1.** hat　**2.** Hast　**3.** habe　**4.** haben

第 **8** 課 # 趣味について話す 11

不規則動詞 fahren 型、sprechen 型、lesen 型

❶ 三つのタイプの不規則動詞

sein と haben のほかにも、いろいろな不規則動詞があります。ただ多
く の場合、主語が du のときと er（sie, es）のときだけ、語幹の一部が少
し変化するだけなので安心してください！ 代表的な三つのタイプを見て
みましょう。

♣ fahren 型（a → ä）

fahren「（乗り物で）行く、（〜を）運転する」のように、語幹に母音 a
がある動詞の中には、主語が du のときと er（sie, es）のときに語幹の a が
ä に変わるものがあります。語尾の変化は規則動詞と同じです。

ich	**fahre**	wir	**fahren**
du	**fährst**	ihr	**fahrt**
er	**fährt**	sie	**fahren**
	Sie	**fahren**	

schlafen「眠る」（du schläfst, er schläft）や tragen「運ぶ、身につける」
（du trägst, er trägt）なども、この fahren 型です。

Er fährt Auto. 彼は車を運転します。

♣ sprechen 型（e → i）

sprechen「話す」のように、語幹に母音 e がある動詞の中には、主語が
du のときと er（sie, es）のときに語幹の e が i に変わるものがあります。

ich	**spreche**	wir	**sprechen**
du	**sprichst**	ihr	**sprecht**
er	**spricht**	sie	**sprechen**
	Sie	**sprechen**	

helfen「助ける」（du hilfst, er hilft）や geben「与える」（du gibst, er gibt）は、この sprechen 型です。essen「食べる」の場合は、最初の文字の e が変化して、ich esse, du isst, er isst となるので、注意しましょう。

Sprichst du Japanisch?　きみ、日本語話す？

❧ lesen 型（e → ie）

lesen「読む」のように、語幹に母音 e がある動詞の中には、主語が du のときと er（sie, es）のときに語幹の e が ie に変わるものがあります。

ich	lese	wir	lesen
du	liest	ihr	lest
er	liest	sie	lesen
		Sie	lesen

語幹が s で終わるので -t

sehen「見る」（du siehst, er sieht）もこれと同様の変化をします。

Julia liest Romane.　ユーリアは小説を読みます。

❷　趣味──すきなことには gern をつけて！

これまでに学んだ動詞を使って、「すきなこと」や趣味について話してみましょう。その際、gern「好んで（〜する）」という副詞も一緒に使ってみてください。たとえば、Ich fahre Auto. は「わたしは車を運転する」と単に事実を伝えるだけの文ですが、動詞の後に gern をつけ加えるだけで、Ich fahre gern Auto.「わたしは車を運転するのがすきです」という意味になります。反対に「すきではない」と言いたいときは、gern を nicht で否定して、nicht gern を使います。

Fährst du gern Auto?　車を運転するのすき？

—Ja, ich fahre gern Auto.　うん、車を運転するのはすき。

—Nein, ich fahre nicht gern Auto.　いや、車を運転するのはすきじゃない。

第 **9** 課　nehmen は「取る」「決める」

特殊な不規則動詞 nehmen と wissen　🎧12

　不規則動詞には、さらに独自の変化をするものがいくつかあります。この課では nehmen「取る」と wissen「知っている」についてお話ししましょう。
ネーメン　　　　　　　　ヴィッセン

❶ nehmen ──「取る」「決める」
ネーメン

　nehmen は基本的には「取る」という意味で、英語の take にあたります。
ネーメン
日常生活のさまざまな場面で使われる動詞ですが、主語が du のときと er
（sie, es）のとき、動詞の形が不定詞とはかなりちがいますので注意しましょう。

ich	**nehme**	wir	**nehmen**
イヒ	ネーメ	ヴィーア	ネーメン
du	nimmst	ihr	**nehmt**
ドゥー	ニムスト	イーア	ネームト
er	nimmt	sie	**nehmen**
エア	ニムト	ズィー	ネーメン
		Sie	**nehmen**
		ズィー	ネーメン

Er nimmt den Mantel.　彼はコートを（手に）取る。
エア　　ニムト　　デン　　マンテル　　　　　　（＊ den は英語の the にあたります）

　しかし実際には、nehmen が意味するところは広く、ときには「取る」という日本語が合わないこともあります。ですから、あまり日本語の「取る」という言葉にとらわれすぎずに、頭をやわらかくして、どのような場面で nehmen が使われているのかを考えましょう。

　たとえば、レストランやカフェで「注文する」とき、お店で「購入するものを決める」ときにも nehmen が使えます。

Was nehmen Sie?　（レストランなどで）何になさいますか？
ヴァス　ネーメン　ズィー

Ich nehme Bier.　わたしはビールにします。→ 注文します
イヒ　ネーメ　ビーア

Das nehme ich. これにします。→ 買います
ダス　ネーメ　イヒ

❷ wissen ── 「知っている」
ヴィッセン

wissen も主語が単数のとき特殊な人称変化をします。主語が ich のと
ヴィッセン
きも不定詞とはずいぶんつづりがちがいますね。

ich	weiß	wir	wissen
イヒ	ヴァイス	ヴィーア	ヴィッセン
du	weißt	ihr	wisst
ドゥー	ヴァイスト	イーア	ヴィスト
er	weiß	sie	wissen
エア	ヴァイス	ズィー	ヴィッセン
	Sie	wissen	
	ズィー	ヴィッセン	

同じ形！

Thomas ist krank. Weißt du das?
トーマス　イスト　クランク　ヴァイスト　ドゥー　ダス

トーマスが病気なんだ。（そのことを）知ってる？

―Nein, das weiß ich nicht. いや、知らないよ。
ナイン　ダス　ヴァイス　イヒ　ニヒト

ここで目的語となっている das（それ）は「トーマスが病気である」と
ダス
いう前の文の内容を指しています。このように wissen は、ある一定の内
容を指す das や es などを目的語とし、その内容について「知っている」
「わかっている」という意味で使われます。

♣ wissen と kennen のちがい

wissen と同じく「知っている」という意味の動詞に、kennen がありま
ケネン
す。しかし kennen は「人」や「物」を目的語とするので、wissen とは
使い方がちがうのです。

Kennst du Thomas? トーマスを知ってるかい？
ケンスト　ドゥー　トーマス

この場合、kennen は「面識がある」くらいの意味です。二つの動詞の
使い分けができるようにしましょう。

第10課 ちょっとおねがい！
命令・依頼

13

家族や友人に「（ちょっと）〜して」と頼んだり、指示したりすることはよくありますよね。ここでは命令や依頼の表現を学びましょう。

❶ 相手が一人のとき→ du に対する命令

まずは命令文とはどんなものなのか、通常の文と比べてみましょう。

Du kommst wieder. きみはまた来る。←通常の文
ドゥー　コムスト　　ヴィーダー

Komm wieder ! また来て！←命令文
コム　　ヴィーダー

命令文の特徴は、①主語がない、②動詞を命令形にして最初に置く、③最後に感嘆符（！）をつけることです。相手が一人のとき、つまり du に対する命令形は、現在形の語尾（-st）を取りのぞいたものになります。

sprechen や geben のように、主語が du のとき e が i に変わるタイプ
シュプレッヒェン　ゲーベン
の不規則動詞と、sehen のように e が ie に変わるタイプの不規則動詞を
ゼーエン
命令形にするときは変化したつづり（i と ie）になるので、注意しましょう。

Sprich laut ! 大きな声で話して！（← sprechen）
シュプリヒ　ラオト

Sieh mal hier ! ちょっとここを見て！（← sehen）
ズィー　マール　ヒーア

しかし、fahren のように a が ä に変わるタイプの不規則動詞は命令形
ファーレン
では ä にはなりません。

Fahr schnell ! 急いで（行って）！（← fahren）
ファール　　シュネル

❷ 相手が二人以上のとき→ ihr に対する命令

では、複数の相手に命令や指示をするときにはどうなるでしょう。

Kommt wieder！ また来て！
コムト ヴィーダー

Sprecht laut！ 大きな声で話して！
シュプレヒト ラオト

　動詞の語尾は ihr を主語にしたときの現在人称変化と同じ -t なので覚えやすいです。やはり主語をつけず、文末に感嘆符をつけます。

❸ 「〜してください」 → Sie に対する依頼や指示

　敬語を使う相手に対しても、頼みごとはありますよね。日本語では「〜してください」と言いますが、ドイツ語では「動詞 + Sie … !」で表します。
ズィー

Kommen Sie bitte wieder！ また来てください！
コメン ズィー ビッテ ヴィーダー

Sprechen Sie laut！ 大きな声で話してください！
シュプレッヒェン ズィー ラオト

　動詞の形は不定詞と同じですので簡単ですよ。主語 Sie を入れるところが、du や ihr に対する命令文とはちがいます。発音するときは疑問文と間違えられないように文末を下げ気味にしましょう。

❹ sein の命令形

　動詞 sein「〜である」の命令形は特殊な形なので、個別に覚えましょう。

du に対して → **Sei ruhig！** 静かにして！
ザイ ルーイヒ

ihr に対して → **Seid ruhig！** 静かにして！
ザイト ルーイヒ

Sie に対して→ **Seien Sie ruhig！** 静かにしてください！
ザイエン ズィー ルーイヒ

▶ ここがポイント！

　命令文には、mal「ちょっと」、doch「たのむから」、nur「とにかく」、bitte「どうぞ」などの小さな言葉が入ることがあります。いずれも相手に行動を促すものですが、意味はあまり気にせず、命令文によく入っているものだと思ってください。
マール ドッホ ヌーア
ビッテ

確認しよう！

（動　詞）

1　〈自己紹介〉

次の質問に答えてみましょう。

1．Wie heißen Sie?

2．Woher kommen Sie?

3．Wo wohnen Sie?

4．Lernen Sie Deutsch?

5．Sind Sie Japaner / Japanerin?

6．Hast du Zeit?

7．Sprichst du Englisch?

8．Fährst du gern Auto?

2 Karl（カール）を紹介する文です。訳を参考にして、下線部に枠内の動詞を正しい形で入れてみましょう。

Das _____ Karl. Er _____ aus Deutschland und _____ jetzt in Berlin. Er _____ Deutsch und Englisch. Er _____ gern Auto.

＊ und そして（㊦and）

　こちらはカールです。彼はドイツ出身で、今はベルリンに住んでいます。彼はドイツ語と英語を話します。彼は車を運転するのがすきです。

fahren	sein	sprechen
wohnen		kommen

32

1 **1.** 「お名前は？」→ <u>Ich heiße ....</u> …に自分の名前を入れます。

    2. 「どこから来たのですか？」と「出身」を聞かれています。→ <u>Ich</u>
<u>komme aus ....</u> …には、自分の出身の国名や都市名を入れます。
aus を忘れずに！

    3. 「どこに住んでいるのですか？」→ <u>Ich wohne in ....</u> …には住んで
いる都市名などを入れましょう。2の「出身」と混同しないように！

    4. 「ドイツ語を学んでいますか？」→ <u>Ja, ich lerne Deutsch.</u>「はい、
学んでいます」。疑問詞のない質問には、ja か nein で答えるので
したね。

    5. 「あなたは日本人ですか？」日本人は男性なら Japaner、女性なら
Japanerin です。→ <u>Ja, ich bin Japaner / Japanerin.</u>「はい、わた
_{ヤパーナー}
しは日本人です」
_{ヤパーネリン}

    6. 「暇？」「時間ある？」→ <u>Ja, ich habe Zeit.</u>「うん、暇だよ」/
<u>Nein, leider nicht.</u>「いいや、残念だけど、暇じゃないんだ」。leider
「残念ながら」という言葉をそえると、こちらが残念に思う気持ち
_{ライダー}
が伝わります。

    7. 「英語話せる？」→ <u>Ja, ich spreche Englisch.</u>「うん、話せるよ」。
話せないなら <u>Nein, ich spreche nicht gut Englisch.</u>「いや、英語
はうまくない」。苦手なことを伝えるには nicht gut「上手ではな
_{ニヒト　グート}
い」で。

    8. 「車を運転するのはすき？」→ <u>Ja, ich fahre gern Auto.</u>「うん、すき
だよ」。すきでなければ、nicht gern を用います。<u>Nein, ich fahre</u>
<u>nicht gern Auto.</u>「いいや、車の運転はすきじゃない」

2 Das <u>ist</u> Karl. Er <u>kommt</u> aus Deutschland und <u>wohnt</u> jetzt in
Berlin. Er <u>spricht</u> Deutsch und Englisch. Er <u>fährt</u> gern Auto.

第11課　「机」は男、「時計」は女？
名詞の性と定冠詞　🎧14

この課からは、人や物の名を表す名詞について学びましょう。

❶　名詞には性がある！

　日本語や英語の名詞と一番ちがうことは、ドイツ語の名詞には性があることです。どの名詞も男性、女性、中性のどれかになります。人を表す名詞では、たとえば Vater「父」は男性名詞、Mutter「母」は女性名詞というように、わかりやすいものもあります。自然界の性とはたいてい一致しているので安心ですね。

　しかし、物を表す名詞にも文法上の性があります。Tisch「机」や Uhr「時計」の性別は、見ただけでは判断できません。中には、名詞のつづり、とくに語尾から性が判断できるものも一部ありますが、多くの場合、名詞の性は覚えるしかないのです。日本語にはないものなので、最初はちょっととまどうかもしれませんが、少しずつ慣れていきましょう。

❷　辞書を引いてみよう！

　まずは実際に、辞書を使って、名詞の性を調べてみましょう。たとえば、Tisch「机」を引くと、こんなふうに載っています。

> *der* **Tisch** 　男 机

　Tisch は男性名詞です。最近の多くの辞書では、性はこのように日本語で記されていますが、中には m.（＝男性）、f.（＝女性）、n.（＝中性）とアルファベット記号で記されているものもあります。

　Tisch の T が大文字になっていますね。ドイツ語では、名詞の最初の文字はつねに大文字で書きます。

　Tischの前にderと書いてある辞書もあります。このderは何でしょうか。

❸ 名詞は定冠詞 der, die, das をつけて覚えよう!

der は定冠詞といい、英語の the にあたる語です。定冠詞は特定のものを限定して指し、名詞の性を表します。英語では the 一つなのに、ドイツ語では性によってちがうんです！ 男性名詞の前には der、女性名詞の前には die、中性名詞の前には das をつけます。

der Tisch 男 机
デア ティッシュ

die Uhr 女 時計
ディ ウーア

das Buch 中 本
ダス ブーフ

新しい名詞を覚えるときには、定冠詞（der, die, das）をつけて暗記しましょう。そうすれば、つづりや意味と同時に、性も覚えることができます。

ここがポイント!

最近の教科書では、名詞の性を示すため、単語（名詞）の前に r、e、s というアルファベットが記されていることがよくあります。これは三つの定冠詞の最後の文字、r＝der、e＝die、s＝das のことです。つまり、r は男性、e は女性、s は中性を表しています。

第12課 「格」って何？
1格と4格

英語では the 一つで済むところに、ドイツ語では名詞の性によって der, die, das と使い分けなければならないということは、前の課で学びました。けれども、それで終わりではありません。文の中では男性名詞につく定冠詞 der が den になったり、女性名詞につく定冠詞 die が der になったりもするのです。これを定冠詞の格変化といいます。

❶ 格って何？

まずは格変化の「格」とは何かということを説明しましょう。名詞は文の中で「主語」として用いられるときもあれば、「目的語」として用いられるときもあります。日本語では「〜は」「〜を」など助詞をつけてその役割を示しますね。しかし、ドイツ語では助詞のようなものをつけるのではなく、「格」によってその名詞が文の中でどんな役割を果たしているのかを示すのです。ドイツ語には1格（主格）、2格（属格、または所有格）、3格（与格、または間接目的格）、4格（対格、または直接目的格）という四つの格があります。

定冠詞は名詞の性だけではなく、格の影響も受けるのです。まずは、最もよく使う1格と4格を比べて見てみましょう。

	男 性	女 性	中 性
1格	**der** Mann 男の人 デア マン	**die** Frau 女の人 ディ フラオ	**das** Kind 子供 ダス キント
4格	**den** Mann デン	**die** Frau	**das** Kind

このように1格と4格だけに限ってみると、形が変化するのは男性名詞につく定冠詞 der-den だけです。die と das は形が変わりませんね。

❷ 1格は「主語」

1格は主格、つまりその名詞が「主語」であることを示す格です。日本語では普通「〜は」「〜が」という助詞をつけます。

Der Mann ist Lehrer. その男の人は先生です。
デア　マン　イスト　レーラー

Die Frau spielt Klavier. その女の人はピアノをひきます。
ディ　フラオ　シュピールト　クラヴィーア

Das Kind wohnt in Berlin. その子はベルリンに住んでいます。
ダス　キント　ヴォーント　イン　ベルリーン

❸ 4格は「目的語」

4格は、簡単にいえば、たいていの「目的語」を示す格です。日本語ではふつう「〜を」という助詞をつけます。

Kennst du den Mann? その男の人を知ってる？
ケンスト　ドゥー　デン　マン

Er liebt die Frau. 彼はその女の人を愛している。
エア　リープト　ディ　フラオ

Ich kenne das Kind nicht. わたしはその子を知らない。
イヒ　ケネ　ダス　キント　ニヒト

男性名詞につく定冠詞が den になることに注意しましょう。

> **ここに注意！**

4格目的語が、必ずしも「〜を」という日本語にあてはまるとは限りません。たとえば、fragen「質問する」という4格の目的語をとる動詞で文を作ってみましょう。
フラーゲン

Ich frage den Lehrer. わたしは先生に質問します。
イヒ　フラーゲ　デン　レーラー

目的語の den Lehrer は、「先生に」と訳すのが自然ですよね。ドイツ語
デン　レーラー
で格を判断するとき、日本語の助詞をたよりにしすぎると間違えてしまうこともありますので気をつけましょう。

第13課 「〜に」は３格で
３格と３格支配の動詞

♪16

１格と４格をしっかり理解できたら、３格についても学びましょう。

❶ 定冠詞３格の格変化

まずはすでに学んだ定冠詞１格と４格の表に３格を加えてみましょう。

	男 性	女 性	中 性
１格	**der** Mann デア　マン	**die** Frau ディ　フラオ	**das** Kind ダス　キント
３格	**dem** Mann デム	**der** Frau デア	**dem** Kind デム
４格	**den** Mann デン	**die** Frau	**das** Kind

男性と中性ではどちらも dem になっていますね。（dem は３格と覚え
デム
ましょう！）

女性では der になります。der ときたら「男性１格」と思いこみがちで
すが、女性名詞の前に der がついていたら、それは女性の３格ですよ。

❷ 間接目的語 「〜に」

では、３格はどのように使われるのでしょう。４格とのちがいが最もわ
かりやすいのは、間接目的語としての３格です。

　　　　　　　　　３格　　　　　４格
Ich schenke dem Kind das Buch. わたしはその子に本を贈ります。
イヒ　シェンケ　デム　キント　ダス　ブーフ

schenken は「贈る、プレゼントする」という意味の動詞で、**間接目的語**
シェンケン
（〜に）と**直接目的語**（〜を）の両方をとります。「〜に」と訳される間
接目的語が３格です。他にも geben「与える」、 zeigen「示す、見せる」、
　　　　　　　　　　　　ゲーベン　　　　　ツァイゲン
schicken「送る」などが、同じように間接目的語（３格）と直接目的語（４
シッケン
格）をとり、「〜に…を」という文型を作ります。

38

❸ helfen「助ける」は 3 格と使う！

　日本語で「～に」と訳せるものだけが 3 格かといえば、そうでもありません。「～に」という訳があてはまらない場合でも、3 格になる場合があります。とくに間違いやすいのが helfen「助ける」です。
ヘルフェン

3 格
Das Kind hilft der Mutter. 　その子供は母親を手伝う。
ダス　キント　ヒルフト　デア　ムッター

　helfen は「…を助ける、手伝う」と訳されますが、4 格ではなく 3 格の目的語をとります。helfen は不規則動詞なので、du hilfst, er hilft となることにも注意しましょう。
ヒルフスト　　　　ヒルフト

❹ 「お気に入り」は gefallen で

　このように 3 格の目的語をとる動詞を「**3 格支配の動詞**」といいます。使い方にも注意したい 3 格支配の動詞をもう二つ紹介しましょう。まずは「お気に入り」を表す gefallen です。
ゲファレン

1 格　　　　　　　　3 格
Der Hut gefällt dem Mann. 　その帽子はその男の人のお気に入りです。
デア　フート　ゲフェルト　デム　マン

　gefallen は「主語（1 格）は人（3 格）のお気に入りである」という意味です。不規則動詞なので、主語が 3 人称単数だと gefällt となります。
ゲフェルト
気に入られている「物」が主語になることにも注意してください（「その男の人はその帽子を気に入っている」という意味で、✕ Der Mann gefällt dem Hut. とするのは、間違いです）。

　同じように、物が主語になることが多い gehören も 3 格支配の動詞です。
ゲヘーレン
gehören は「主語（1 格）は人（3 格）のものである」という意味で、英語の belong to … と同じような使い方をします。

1 格　　　　　　　　3 格
Das Buch gehört dem Kind. 　その本はその子のものです。
ダス　ブーフ　ゲヘーアト　デム　キント

第14課 「わたしに」「わたしを」

人称代名詞の格変化 mir, mich 🎧17

これまでに学んだ人称代名詞 ich「わたしは」などはすべて主語で、「1格」だったわけです。しかし、人称代名詞も格変化します。英語でも I「わたしは」を目的語にすると me「わたしに（を）」になったり、he「彼は」が him「彼に（を）」になったりしますよね。

❶ 人称代名詞も格変化する！

人称代名詞にも4つの格がありますが、2格はあまり使われないので、まずは1・3・4格をしっかり覚えましょう！

単数	1人称	2人称		3人称		
1格	ich イヒ	du ドゥー	Sie ズィー	er エア	sie ズィー	es エス
3格	mir ミーア	dir ディーア	Ihnen イーネン	ihm イーム	ihr イーア	ihm イーム
4格	mich ミヒ	dich ディヒ	Sie ズィー	ihn イーン	sie ズィー	es エス

複数	1人称	2人称		3人称
1格	wir ヴィーア	ihr イーア	Sie ズィー	sie ズィー
3格	uns ウンス	euch オイヒ	Ihnen イーネン	ihnen イーネン
4格	uns ウンス	euch オイヒ	Sie ズィー	sie ズィー

ドイツ語では3格と4格が分かれている点で英語とちがいます。uns と euch は3格と4格が同じ形ですが、それ以外はちがいますね。

Sie「あなた（たち）」はどの格でも大文字で書き始めます。Ihnen は「あなた（たち）に」、ihnen は「彼らに」となるので注意しましょう！

40

❷ 机は er、時計は sie

これまでは、3人称単数の人称代名詞はさしあたり、er は「彼は」、sie は「彼女は」、es は「それは」と覚えてきました。しかし、ドイツ語では英語とちがい、物がすべて es になるわけではなく、また er や sie だからといって人を指すとは限りません。名詞を人称代名詞に代えて用いるとき、どの人称代名詞になるかは指している名詞の文法上の性によって決まります。たとえば der Tisch「机」は男性名詞なので er、die Uhr「時計」は女性名詞なので sie、また das Mädchen「少女」は（女の子なのに！）中性名詞なので es になるわけです。

❸ wer「だれ」の格変化

疑問詞の wer「だれ」にも、やはり格変化があります。これもまずは1・3・4格から覚えましょう。

1格 **wer** だれが　　　3格 **wem** だれに　　　4格 **wen** だれを

（3格）（1格）（1格）（3格）
Wem gehört der Hut? —Der Hut gehört mir.

その帽子はだれの？ ──その帽子はわたしのです。

ミニ練習　下線部の名詞を人称代名詞に代えてみましょう。格にも気をつけてください。

1. Kennst du <u>Peter</u>? —Ja, ich kenne _____ gut.
   ペーターを知ってる？ ──うん、（彼を）よく知ってるよ。

2. Schreibst du <u>Peter und Anna</u>? —Ja, ich schreibe _____.
   ペーターとアナに手紙を書くの？ ──ええ、（彼らに）書くわ。

答）**1.** ihn　**2.** ihnen ＊ schreiben は「（3格の人）に手紙を書く」

1, 2, 3はeins, zwei, drei
数

🎧18

年齢、電話番号、値段、時刻など、日常生活のさまざまな場面に数が関わっています。言い違いや聞き違いがないようにしましょう。

❶ 1 ～ 12 はとにかく覚える!

ゼロは null（ヌル）です

まずは 1 ～ 12 をドイツ語で声に出して読んでみましょう！

1	eins アインス	2	zwei ツヴァイ	3	drei ドライ	4	vier フィーア
5	fünf フュンフ	6	sechs ゼクス	7	sieben ズィーベン	8	acht アハト
9	neun ノイン	10	zehn ツェーン	11	elf エルフ	12	zwölf ツヴェルフ

eins, zwei, drei の ei は「アイ」、neun の eu は「オイ」と発音します。sechs と sieben の二つは、とくに聞き違いが多いので気をつけましょう。

❷ 13 ～ 19 は -zehn をつける

英語の 13 ～ 19 に -teen をつけるように、ドイツ語では -zehn をつけます。

13	dreizehn ドライツェーン	14	vierzehn フィアツェーン	15	fünfzehn フュンフツェーン	16	**sechzehn** ゼヒツェーン
17	**siebzehn** ズィープツェーン	18	achtzehn アハツェーン	19	neunzehn ノインツェーン		

sechzehn では sechs の最後の -s が省かれ、siebzehn でも sieben の -en が省かれます。後はルールどおりです。

❸ 20、30…は -zig

ここから先はまず、20、30、40…と端数のない二ケタの数から覚えましょう。基本的に一ケタの数に -zig をつけて表します。

20 **zwanzig** ツヴァンツィヒ	30 **dreißig** ドライスィヒ	40 vierzig フィアツィヒ	50 fünfzig フュンフツィヒ
60 **sechzig** ゼヒツィヒ	70 **siebzig** ズィープツィヒ	80 achtzig アハツィヒ	90 neunzig ノインツィヒ

20 は ✕ zweizig ではなく zwanzig です。また、dreißig だけは語尾が -ßig になります。sechzig と siebzig では、やはり sechs の -s、sieben の -en が省かれます。

❹ 21 ～ 99 は一の位を先に言う!

21 ～ 99 はすこし勝手がちがいます。日本語では「にじゅういち」「にじゅうに」、英語でも twenty-one, twenty-two, と十の位を先に言いますね。ところが、<u>ドイツ語では一の位から言うのです!</u> たとえば、32 なら zwei**und**dreißig「2 と 30」、54 なら vier**und**fünfzig「4 と 50」となります。
ツヴァイウントドライスィヒ　　　　　　　　　　　フィアウントフュンフツィヒ
und は「～と～」、英語の and です。つづるときは und の前後は間を空け
ウント
ずに、続けて書きます。

21 **einundzwanzig** アインウントツヴァンツィヒ	22 zweiundzwanzig ツヴァイウントツヴァンツィヒ	23 dreiundzwanzig ドライウントツヴァンツィヒ
24 vierundzwanzig フィーアウントツヴァンツィヒ	25 fünfundzwanzig フュンフウントツヴァンツィヒ	26 **sechsundzwanzig** ゼクスウントツヴァンツィヒ
27 **siebenundzwanzig** ズィーベンウントツヴァンツィヒ	28 achtundzwanzig アハトウントツヴァンツィヒ	29 neunundzwanzig ノインウントツヴァンツィヒ

21 や 31 のように、1 (eins) が一の位にくると、s が省かれ ein- になります。しかし 6 と 7 が一の位のときは、-s や -en は省かれません。

31 ～ 39 についても同じやり方で、上記の -zwanzig を -dreißig に替えればいいだけです。40 台以降も同様です。

❺ 100 は hundert、1000 は tausend

それより大きい 100 以上の数は、hundert (100) と tausend (1000)
フンダート　　　　　タオゼント
を使います。ちなみにドイツ語には「万」という語はありません。

100 hundert フンダート	1000 tausend タオゼント	
210 zweihundertzehn ツヴァイフンダートツェーン	2000 zweitausend ツヴァイタオゼント	10000 zehntausend ツェーンタオゼント

「これは〜です」

不定冠詞 ein と否定冠詞 kein

🎧19

冠詞にはすでに学んだ定冠詞 der のほかにも、不定冠詞 ein や否定冠詞
kein
カイン
というものもあります。

❶ 不定冠詞 ein の格変化
アイン

不定冠詞 ein は英語の a, an にあたります。名詞の前に置き、「一つの…」
「ある…」という意味になります。定冠詞 der が特定のものを限定して指
すときなどに用いられるのに対し、ein は特定のものを指すのではなく、
同じカテゴリーのものなら何でもいいという感じです。まずは主語になる
1 格の形から覚えましょう。男性名詞と中性名詞には ein、女性名詞には
eine をつけます。

	男 性		女 性		中 性	
1格	ein アイン	Kugelschreiber クーゲルシュライバー ボールペン	eine アイネ	Uhr ウーア 時計	ein アイン	Buch ブーフ 本
3格	einem アイネム	Kugelschreiber	einer アイナー	Uhr	einem アイネム	Buch
4格	einen アイネン	Kugelschreiber	eine アイネ	Uhr	ein アイン	Buch

よく使われる 1 格と 4 格に注目すると、男性は 1 格 ein → 4 格 einen
アイン   アイネン
と形が変わりますが、女性と中性では 1 格と 4 格は同じ形ですね。

❷ ein の 1 格

まずは不定冠詞 ein の 1 格の使い方の例を見てみましょう。1 格といえ
ば、主語でしたね。

主語

Dort steht eine Uhr.　あそこに一つの時計があります。
ドルト　シュテート　アイネ　ウーア

物を紹介する das ist 〜も、〜に 1 格が入ります。
ダス イスト

Was ist das? —Das ist ein Kugelschreiber.
ヴァス　イスト　ダス　　　　　ダス　イスト　アイン　　　クーゲルシュライバー
これは何ですか？ ——これはボールペンです。

❸ ein の 4 格

今度は ein の 4 格の使い方を「〜持ってる？」という文で見てみましょう。

Hast du einen Kugelschreiber?　ボールペン持ってる？
ハスト　ドゥー　アイネン　　　クーゲルシュライバー

Hast du eine Uhr?　時計持ってる？
ハスト　ドゥー　アイネ　ウーア

Hast du ein Buch?　本持ってる？
ハスト　ドゥー　アイン　ブーフ

　このように「ボールペンなら何でもいいから持っているか」というとき
に不定冠詞が用いられるのです。haben は 4 格支配の動詞なので、その
　　　　　　　　　　　　　　　　　ハーベン
目的語である男性名詞の前の ein が einen と 4 格の形になります。女性名
　　　　　　　　　　　　　　　　アイネン
詞と中性名詞につける不定冠詞は 1 格と 4 格が同じ形でしたね。

❹ 名詞を否定するときは kein
　　　　　　　　　　　　　　　　　カイン

　「これは〜ではありません」「〜を持っていません」などと否定するとき
は、名詞に否定冠詞 kein をつけます。kein は名詞を直接否定します。
　　　　　　　　　　　カイン

Das ist kein Kugelschreiber.　これはボールペンではありません。
ダス　イスト　カイン　　　クーゲルシュライバー

Ich habe keinen Kugelschreiber.　わたしはボールペンを持っていない。
イヒ　ハーベ　カイネン　　　クーゲルシュライバー

　kein も格変化をします。ein と同じ変化なので、ein の前に k をつければ
いいだけです。

	男　性		女　性		中　性	
1格	kein カイン	Kugelschreiber	keine カイネ	Uhr	kein カイン	Buch
3格	keinem カイネム	Kugelschreiber	keiner カイナー	Uhr	keinem カイネム	Buch
4格	keinen カイネン	Kugelschreiber	keine カイネ	Uhr	kein カイン	Buch

複数形は5パターン

名詞の複数形

🎧20

単数名詞を複数形にするとき、ドイツ語では –e, –er, –en, –s などの語尾をつけることがあります。

❶ 複数形の5パターン

複数形は語尾のつけ方によって5パターンあります。単語によって作り方がちがうので、よく使う複数形は覚えてしまいましょう。

	単数		複数
無変化型〈ウムラウト〉	der Wagen デア ヴァーゲン	車	die Wagen ディ ヴァーゲン
	der Vater デア ファーター	父	die Väter ディ フェーター
e型〈ウムラウト〉	der Tisch デア ティッシュ	机	die Tische ディ ティッシェ
	der Stuhl デア シュトゥール	椅子	die Stühle ディ シュテューレ
er型〈ウムラウト〉	das Ei ダス アイ	卵	die Eier ディ アイアー
	das Buch ダス ブーフ	本	die Bücher ディ ビューヒャー
[e]n型	das Auge ダス アオゲ	目	die Augen ディ アオゲン
	die Frau ディ フラオ	女性	die Frauen ディ フラオエン
s型	das Foto ダス フォート	写真	die Fotos ディ フォートス

- 「無変化型」は複数形に語尾をつけません(「無語尾型」とも言います)。ただし単語によってはウムラウト(母音変異)するものもあります。
- 「e型」は複数形の語尾として –e を、「er型」は –er をつけます。「e型」の複数名詞はウムラウトすることもあります。「er型」では a, o, u が入っていたら必ずウムラウトします。
- 「[e]n型」は複数形の語尾として –en をつけるか、あるいは単数形が e で終わっているものは –n をつけます。このタイプはウムラウトするこ

46

とはありません。

- 「s型」は語尾に –s をつけて複数形にしますが、ウムラウトはしません。
外来語はほとんどこの「s型」です。

❷ 複数形の格変化

複数形も格変化をします。しかし、男性、女性、中性の区別はなく、定
冠詞の複数1格はどれも die になります。また、否定冠詞 kein は複数形
にもつけることができます。

1格	die	Kinder キンダー	keine カイネ	Kinder	子供たち
3格	den デン	Kinder**n** キンデルン	keine**n** カイネン	Kinder**n**	
4格	die ディ	Kinder キンダー	keine カイネ	Kinder	複数形3格の n

複数の3格では、原則、名詞の最後に –n がつくので、忘れないように
しましょう（ただし、–n や –s で終わる名詞には、複数3格の –n はつき
ません）。

名詞の中には複数でしか使われないものもあります。たとえば、die
Leute「人々」、die Eltern「両親」などがそうです。
ロイテ　　　　　　　エルターン

❸ 複数形は辞書のどこを見ればわかる？

名詞の複数形を覚えるまで、最初のうちは辞書などで確認することもあ
るでしょう。では、辞書のどこを見れば複数形がわかるのでしょうか。

単数2格

der **Va·ter** ['faːtər] 男 -s/Väter ❶ 父、父親

複数形

男 と名詞の性が示された後に –s とありますが、これは単数2格の語尾
です（2格はこの本では扱いませんが、英語の複数形の語尾が –s なので、
これを複数の語尾だと勘違いしてしまう人が多いのです。気をつけましょ
う！）。その単数2格の語尾の後に書いてあるのが複数形です。

「わたしの〜」
所有冠詞

~~~~~~

　この課では、「わたしの〜」「きみの〜」「彼の〜」というように、所有や所属を表す冠詞「所有冠詞」について学びます。たとえば、「わたしの父」というとき、英語では my father ですが、ドイツ語では mein Vater です。mein は my と発音も似ていますね。
　ただし、ドイツ語では<u>後に置かれる名詞の性と格によって、所有冠詞の形が少し変わります</u>。まずは1格で見てみましょう。

mein Vater　わたしの父
マイン　　ファーター

meine Mutter　わたしの母
マイネ　　ムッター

　男性名詞の Vater の前に置かれるときは mein、女性名詞の Mutter の前では meine となります。つまり所有冠詞にも他の冠詞類と同じように格変化があるのです。

❶ 所有冠詞の種類

　所有冠詞を覚えるとき、最初は、人称代名詞と対応させるといいでしょう。

ich → **mein**　わたしの 　　　マイン	wir → **unser**　わたしたちの 　　　　ウンザー	
du → **dein**　きみの 　　　ダイン	ihr → **euer**　きみたちの 　　　オイアー	
er → **sein**　彼の 　　　ザイン		
sie → **ihr**　彼女の 　　　イーア	sie → **ihr**　彼らの、それらの 　　　イーア	
es → **sein**　それの 　　　ザイン		
	Sie → **Ihr**　あなたの、あなたたちの 　　　　イーア	

<u>ここに注意!</u>　sie の所有冠詞 ihr「彼女の」「彼らの」は人称代名詞の ihr「きみたちは」とはちがう単語だから、間違えないように！

❷ mein は ein と同じ変化！

　所有冠詞は「不定冠詞類」とも呼ばれます。不定冠詞 ein と同じような

格変化をするからです。所有冠詞のうち、mein, dein, sein はつづりの中にein が含まれているので、ein の前に m- や、d- や、s- をつければいいだけです（kein と同じです）。ただし、ein とはちがい、所有冠詞は複数名詞にも用いられるので、複数の場合の格変化も覚えましょう。

	Vater（男）		Mutter（女）		Kind（中）		Kinder（複）	
1格	mein マイン	Vater ファーター	meine マイネ	Mutter ムッター	mein マイン	Kind キント	meine マイネ	Kinder キンダー
3格	meinem マイネム	Vater	meiner マイナー	Mutter	meinem マイネム	Kind	meinen マイネン	Kindern キンデルン
4格	meinen マイネン	Vater	meine マイネ	Mutter	mein マイン	Kind	meine マイネ	Kinder

　つづりの中に ein が入っていない unser や euer、ihr や Ihr についても、形に慣れておきましょう。上の表で色がついている格語尾を所有冠詞の後につければいいだけです。Ihr「あなたの」の変化表を見てみましょう。

	Vater（男）		Mutter（女）		Kind（中）		Kinder（複）	
1格	Ihr イーア	Vater ファーター	Ihre イーレ	Mutter ムッター	Ihr イーア	Kind キント	Ihre イーレ	Kinder キンダー
3格	Ihrem イーレム	Vater	Ihrer イーラー	Mutter	Ihrem イーレム	Kind	Ihren イーレン	Kindern キンデルン
4格	Ihren イーレン	Vater	Ihre イーレ	Mutter	Ihr イーア	Kind	Ihre イーレ	Kinder

ミニ練習　（　　）に所有冠詞を入れてみましょう（家族写真を見ながら、自分の家族を紹介する対話です）。

● Das sind (　　　) Eltern.　これはわたしの両親です。

　Das ist (　　　) Vater. Das ist (　　　) Mutter.

　　　　　　　　　　　これがわたしの父。これがわたしの母です。

● Ist (　　　) Vater nett?　きみのお父さんはやさしい？

● Ja, er ist nett und lustig.　はい、やさしくて、楽しいです。

答）meine, mein, meine, dein

49

1 下線部に、不定冠詞 ein か否定冠詞 kein か定冠詞 der, die, das を正しい形で入れてみましょう。何も入らないときは×を入れましょう。

   1. Das ist ＿＿＿＿＿＿ Uhr. ＿＿＿＿＿＿ Uhr ist alt.

     これは時計です。その時計は古いです。   * alt 古い

   2. Ist das ＿＿＿＿＿＿ Kugelschreiber?

     —Nein, das ist ＿＿＿＿＿＿ Kugelschreiber.

     これはボールペンですか？ ――いいえ、これはボールペンではありません。

   3. Hast du ＿＿＿＿＿＿ Kugelschreiber? —Ja, bitte!

     ボールペン持ってる？ ――はい、どうぞ！

   4. Haben Sie ＿＿＿＿＿＿ Kinder? —Nein, ich habe ＿＿＿＿＿＿ Kinder.

     お子さんはいますか？ ――いいえ、いません。

2 下線部に人称代名詞を正しい形で入れてみましょう。

   1. Dort steht ein Stuhl. ＿＿＿＿＿＿ ist alt.

   2. Er liebt ＿＿＿＿＿＿, und ich liebe ＿＿＿＿＿＿.

     （わたしを）   （彼を）

   3. Wo ist meine Uhr? —＿＿＿＿＿＿ ist hier.

   4. Ich schenke ＿＿＿＿＿＿ die Fotos.（彼女に）

   5. Das Auto gehört ＿＿＿＿＿＿.（わたしに）

   6. Ich schicke ＿＿＿＿＿＿ das Buch.（あなたに）

   7. Wie gefällt ＿＿＿＿＿＿ der Hut?（きみにとって）

     — Der Hut gefällt ＿＿＿＿＿＿.（わたしにとって）

1 **1.** <u>eine</u> , <u>Die</u>
Uhr は女性名詞で、どちらも 1 格です。

ここがポイント！　ein か der か？

初めて言及する名詞、特定のものを指さないときは不定冠詞（ein）を、すでに言及した名詞や特定のものを指すときは定冠詞（der）を使います。

2. <u>ein</u> , <u>kein</u>
Kugelschreiber は男性名詞で、1 格です。

3. <u>einen</u>
Kugelschreiber は、haben の目的語になっているから 4 格です。

4. <u>×</u> , <u>keine</u>
kein は複数名詞にもつけることができるのでしたね。

2 **1.** <u>Er</u>「そこに椅子が一つあります。それは古いです」
Stuhl は男性名詞なので、男性 1 格の人称代名詞 er が入ります。

2. <u>mich</u> , <u>ihn</u>「彼はわたしを愛し、わたしは彼を愛しています」
どちらも 4 格。

3. <u>Sie</u>「わたしの時計はどこ？ ——ここだよ」
Uhr は女性名詞なので、女性 1 格の人称代名詞 sie が入ります。

4. <u>ihr</u>「わたしは彼女に写真（複数）をプレゼントします」
人 3 格 + 物 4 格 + schenken で「〈人〉に〈物〉をプレゼントする」

5. <u>mir</u>「その車はわたしのものです」gehören は 3 格支配でしたね。

6. <u>Ihnen</u>「わたしはあなたにその本を送ります」
人 3 格 + 物 4 格 + schicken で「〈人〉に〈物〉を送る」

7. <u>dir</u> , <u>mir</u>「その帽子どう？（気に入ってる？）——気に入ってるよ」
gefallen は 3 格支配でしたね。相手に「気に入っているか」を聞くときは Wie gefällt Ihnen/dir〈物・単数〉? を使いましょう。

第**19**課 「学校へ」
前置詞①

🎧22

前置詞とは、その名のとおり、名詞の前に置かれ、時間や場所などを示す語です。英語にもありますが、ドイツ語の前置詞が英語と大きくちがう点は、一緒に使う名詞の格が決まっているということです。ですから、前置詞はその意味を覚えるだけではなく、正しく使うために何格支配であるのかを知っておきましょう。

❶ 3格支配の前置詞

3格の名詞と結びつく前置詞はたくさんあります。代表的なものをあげましょう。

aus
アオス
〈場所〉～（の中）から　　aus **dem** Zimmer 部屋から
　　　　　　　　　　　　　　アオス　デム　　ツィマー

bei
バイ
〈場所〉～の所で　　bei **meinen** Eltern わたしの両親の所に
　　　　　　　　　　バイ　マイネン　エルターン

　　　　　　　　　bei **der** Bank (arbeiten) 銀行で（働く）
　　　　　　　　　バイ　デア　バンク　アルバイテン

〈時間〉～の際に　　beim Lesen 読むとき　　　＊ beim = bei + dem
　　　　　　　　　　バイム　レーゼン

mit
ミット
～と一緒に　　mit **meinem** Freund 友人（男）と一緒に
　　　　　　　　ミット　マイネム　　フロイント

〈交通手段〉～で　　mit **dem** Zug 電車（列車）で
　　　　　　　　　　ミット　デム　ツーク

nach
ナーハ
〈方向〉～へ　　nach Berlin ベルリンへ　　　＊ nach + 都市名
　　　　　　　　ナーハ　ベルリーン

〈時間〉～の後　　nach **dem** Essen 食後
　　　　　　　　　ナーハ　デム　エッセン

zu
ツー
〈方向〉～へ　　zum Arzt gehen 医者に行く　　＊ zum = zu + dem
　　　　　　　　ツム　アルツト　ゲーエン

　　　　　　　zur Party gehen パーティへ行く　＊ zur = zu + der
　　　　　　　ツーア　パーティ　ゲーエン

　　　　　　　zur Bank / zur Post gehen 銀行へ / 郵便局へ行く
　　　　　　　ツーア　バンク　ツーア　ポスト　ゲーエン

　　　　　　　zum Bahnhof gehen 駅へ行く
　　　　　　　ツム　バーンホーフ　ゲーエン

　　　　　　　zu Bett gehen 就寝する
　　　　　　　ツー　ベット　ゲーエン

　　　　　　　zur Uni / zur Schule gehen 大学へ / 学校へ行く
　　　　　　　ツーア　ウニ　ツーア　シューレ　ゲーエン

| **von** フォン | 〈場所〉〜から | **von der** Uni kommen 大学から帰る フォン デア ウニ コメン |
| | 〈時間〉〜から | **von** heute 今日から フォン ホイテ |

　nach と zu はどちらも方向を示す前置詞です。しかし「医者へ行く」というときは zu を使い、「ベルリンへ行く」というときは、ベルリンが都市名なので nach を使います。つまり、<u>前置詞にはその後に置かれる名詞との相性のようなものがある</u>のです。

❷ 前置詞と定冠詞がくっつく！

　前置詞と定冠詞がくっついてしまった形（融合形）もよく用いられます。前のページにもすでに出てきていますね。しかし、何でもかんでもくっつくわけではありません。とくによく使われるものは、次の 8 つでしょう。

| **am** < an dem アム | **ans** < an das アンス | **beim** < bei dem バイム | **im** < in dem イム |
| **ins** < in das インス | **vom** < von dem フォム | **zum** < zu dem ツム | **zur** < zu der ツーア |

（an や in は次の課に出てきます）

❸ 4 格支配の前置詞

　4 格の名詞と結びつく前置詞もいくつか見てみましょう。

durch ドゥルヒ	〜を通って	**durch den** Park 公園を通って ドゥルヒ デン パーク
für フューア	〜のために、〜にとって	**für dich** きみのために、きみにとって フューア ディヒ
gegen ゲーゲン	〜に対して、〜に反対して	**gegen den** Krieg 戦争に反対して ゲーゲン デン クリーク
ohne オーネ	〜なしで	**ohne** Frühstück 朝食なし（で） オーネ フリューシュテュック
um ウム	〜のまわりを（に）	**um den** Tisch 机のまわりを・に ウム デン ティッシュ

ここがポイント！　よく使う表現は前置詞句（前置詞＋名詞）で丸ごと覚えてしまおう！

第**20**課　**鍵はどこ？**

23

前置詞② 3格/4格支配の前置詞

❶ 3格/4格支配の前置詞

　ドイツ語の前置詞には、使い方によって、3格支配にも4格支配にもなるものもあります。たとえば、in という前置詞は英語と同じく、「～の中に」という意味ですが、次の二つの文を比べてみてください。

Ich wohne in der Stadt.　わたしは街に住んでいる。 ←3格支配
イヒ　　ヴォーネ　イン　デア　シュタット

Ich gehe in die Stadt.　わたしは街へ行く。 ←4格支配
イヒ　　ゲーエ　イン　ディ　シュタット

　同じ Stadt「街」という名詞が使われているのに、定冠詞の形がちがい
　　　　シュタット
ますね。in は、止まっている状態で「場所」を表すときは3格支配であり、
動いている状態で「方向」を示すときは4格支配になるのです。

　このタイプの前置詞は9つあります。イラストと例文で説明しましょう。

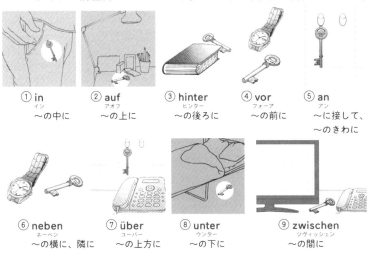

① in　　② auf　　③ hinter　　④ vor　　⑤ an
イン　　　アオフ　　ヒンター　　フォーア　　アン
～の中に　～の上に　～の後ろに　～の前に　～に接して、
　　　　　　　　　　　　　　　　　　　　　～のきわに

⑥ neben　　⑦ über　　⑧ unter　　⑨ zwischen
ネーベン　　ユーバー　　ウンター　　ツヴィッシェン
～の横に、隣に　～の上方に　～の下に　～の間に

　auf が接している状態で「～の上に」なのに対し、über は空間を空けて
「～の上方」です。

① Der Schlüssel ist in der Tasche.　　　鍵はポケットの中にある。**3格**

　Ich stecke den Schlüssel in die Tasche. わたしは鍵をポケットに入れる。**4格**

② Der Schlüssel liegt auf dem Tisch.　　鍵は机の上にある。**3格**

　Ich lege den Schlüssel auf den Tisch. わたしは鍵を机の上に置く。**4格**

③ Der Schlüssel liegt hinter dem Buch.　鍵は本の後ろにある。**3格**

　Ich lege den Schlüssel hinter das Buch. わたしは鍵を本の後ろに置く。**4格**

④ Der Schlüssel ist vor der Uhr.　　　鍵は時計の前にある。**3格**

　Ich lege den Schlüssel vor die Uhr.　　わたしは鍵を時計の前に置く。**4格**

⑤ Der Schlüssel hängt an der Wand.　　鍵は壁に掛かっている。**3格**

　Ich hänge den Schlüssel an die Wand.　わたしは鍵を壁に掛ける。**4格**

⑥ Der Schlüssel liegt neben der Uhr.　　鍵は時計の隣にある。**3格**

　Ich lege den Schlüssel neben die Uhr.　わたしは鍵を時計の隣に置く。**4格**

⑦ Der Schlüssel hängt über dem Telefon. 鍵は電話の上方に掛かっている。**3格**

　Ich hänge den Schlüssel uber das Telefon.

　　　　　　　　　　　　　　わたしは鍵を電話の上方に掛ける。**4格**

⑧ Der Schlüssel ist unter dem Bett.　　鍵はベッドの下にある。**3格**

　Ich lege den Schlüssel unter das Bett. わたしは鍵をベッドの下に置く。**4格**

⑨ Der Schlüssel liegt zwischen dem Fernseher und dem Telefon.

　　　　　　　　　　　　　　　鍵はテレビと電話の間にある。**3格**

　Ich lege den Schlüssel zwischen den Fernseher und das Telefon.

　　　　　　　　　　　　　　わたしは鍵をテレビと電話の間に置く。**4格**

　じつは、3格か4格かを決めているのは、動詞なのです！ in die Stadt
gehen「街へ行く」のように、明らかに「移動」を表すものでなくても、
legen「～を置く」や stellen「～を（立てて）置く」など、動作や行為に「方
向性」がある場合にも、前置詞は4格支配になります。stecken「～を入れる」
や hängen「～を掛ける」も他動詞として使うなら前置詞は4格支配です。
　ちなみに、liegen「（横になって）ある」と legen「～を置く」は似てい
ますが、使い方がちがうので注意しましょう。liegen は自動詞で3格支
配の前置詞と使いますが、legen は他動詞です。

第21課 曜日には am、月には im
前置詞③ よく使う前置詞句　🎧24

　この課では、覚えておくと便利な前置詞と名詞をセットで紹介しましょう。

❶ 交通手段の mit

　電車（列車）やバスなどの交通手段には、mit（3格支配）を使います。
おもな交通手段は男性名詞か中性名詞なので、定冠詞3格 dem とともに
用いられて、mit dem ... という形になることが多いです。
　　　　　　　　　　　ミット　デム

mit dem Zug　電車で（← der Zug の3格）
ミット　デム　ツーク

mit dem Bus　バスで（← der Bus の3格）
ミット　デム　ブス

mit dem Auto　車で（← das Auto の3格）
ミット　デム　アオト

mit dem Taxi　タクシーで（← das Taxi の3格）
ミット　デム　タクスィ

mit dem Fahrrad　自転車で（← das Fahrrad の3格）
ミット　デム　ファールラート

　ただし、die Bahn「鉄道」とその複合語である die U-Bahn「地下鉄」
　　　　　　ディ　バーン　　　　　　　　　　　　　　　ディ　ウーバーン
や die Straßenbahn「路面電車」は女性名詞なので、女性の定冠詞3格
　ディ　シュトラーセンバーン
der とともに、mit der ... となります。
デア　　　　　ミット　デア

mit der Straßenbahn　路面電車で（← die Straßenbahn の3格）
ミット　デア　シュトラーセンバーン

mit der U-Bahn　地下鉄で（← die U-Bahn の3格）
ミット　デア　ウーバーン

❷ 時を表す前置詞句

　前置詞と名詞の組み合わせは相性が肝心です。ここで紹介する時間的な
前置詞句はよく使われるものなので、覚えてしまいましょう。

56

am 曜日：   **am Samstag** 土曜日に
アム   アム　　ザムスターク

im 月名 / 季節：   **im Januar** 1月に   **im Sommer** 夏に
イム   イム　ヤヌアール   イム　　ゾマー

um 時刻：   **um sieben Uhr** 7時に
ウム   ウム　ズィーベン　ウーア

von ... bis ... :   **von acht bis elf** 8時から11時まで
フォン　　ビス   フォン　アハト　ビス　エルフ

                    von Montag bis Freitag 月曜日から金曜日まで
                    フォン　モーンターク　ビス　フライターク

am **Morgen** / **Vormittag** / **Mittag** / **Nachmittag** / **Abend**
アム　モルゲン　　フォーアミッターク　　ミッターク　　ナーハミッターク　　アーベント
　　　朝に　　　　　午前に　　　　　昼に　　　　　午後に　　　　　晩に

in der **Nacht** 夜に
イン　デア　ナハト

am **Wochenende** 週末に   曜日と月はみんな男性名詞！
アム　ヴォッヘンエンデ

曜日　Montag 月   Dienstag 火   Mittwoch 水   Donnerstag 木
        モーンターク   ディーンスターク   ミットヴォッホ   ドナースターク
        Freitag 金   Samstag 土   Sonntag 日
        フライターク   ザムスターク   ゾンターク

月名　Januar 1月   Februar 2月   März 3月   April 4月
        ヤヌアール   フェーブルアル   メルツ   アプリル
        Mai 5月   Juni 6月   Juli 7月   August 8月
        マイ   ユーニ   ユーリ   アオグスト
        September 9月 Oktober 10月   November 11月 Dezember 12月
        ゼプテンバー   オクトーバー   ノヴェンバー   デツェンバー

❸ 熟語になった前置詞句 〈場所や方向〉

完全に熟語になっているものもあります。辞書を引いて前置詞のところ
に載っていなかったら、名詞の方で調べてみてください。

zu Hause sein / bleiben 家にいる
ツー　ハオゼ　ザイン　　ブライベン

nach Hause kommen 帰宅する
ナーハ　ハオゼ　コメン

zu Fuß gehen 徒歩で行く
ツー　フース　ゲーエン

ins Kino / Theater / Konzert / Museum gehen
インス　キーノ　テアーター　コンツェルト　ムゼーウム　ゲーエン
　　映画へ / 劇場へ / コンサートへ / 美術館へ　行く

in die Stadt / Oper / Bibliothek gehen
イン　ディ　シュタット　オーパー　ビブリオテーク　ゲーエン
　　街へ / オペラへ / 図書館へ　行く

第**22**課 「それ」ではない es 🎧25

非人称主語 es

～～～～～～～～～～～～～～～～～～～～～～～～～～～～～～～～～

es と言えば、まずは中性名詞を指す人称代名詞だと思い、ふつうは「それ」と訳しますね。しかし、es にはとくに意味を持たず、形の上だけ主語になっているものもあります。そのように、何か特定のものを指しているわけではない es を非人称主語の es と呼びます。

❶ 形式的な主語 es —— 「それ」とは訳さない！

① 天候

天気・天候の表現には、regnen「雨が降る」などのように動詞を使うものと、sonnig「晴れの」のように形容詞を使うものがあります。どちらにも非人称主語 es が使われます。

動詞

Es regnet. 雨が降る。
エス レーグネット

Es schneit. 雪が降る。
エス シュナイト

Es donnert. 雷が鳴る。
エス ドナート

形容詞

Es ist sonnig. 晴れている。
エス イスト ゾニヒ

Es ist wolkig. 曇っている。
エス イスト ヴォルキヒ

Es ist windig. 風が吹いている。
エス イスト ヴィンディヒ

② 気温

「暑い」「寒い」など、人間の体感を表すときにも、非人称主語 es が使われます。

Es ist kalt / kühl / warm / heiß. 寒い / 涼しい / 暖かい / 暑い。
エス イスト カルト キュール ヴァルム ハイス

「わたしは寒い」というように、感じている人を入れたいときは、主語1格ではなく、3格で示します。

Es ist mir kalt. わたしは寒い。（←わたしにとっては寒く感じる）
エス イスト ミーア カルト

この意味では通常 ✕Ich bin kalt. とは言いません。また、非人称主語 es

が省略されると、人（3格）が前に来て Mir ist kalt. になります。
ミーア イスト カルト

③ 音、におい

音やにおいは、それを発しているもの（主語）がわからないときもあるし、主語がなにかは重要でない場合もありますよね。そんなときにも形式的に es が主語になります。

Es riecht nach Rauch.　タバコのにおいがする。
エス　リーヒト　ナーハ　ラオホ

An der Tür klopft es.　ドアをノックする音がする。
アン　デア　テューア　クロプフト　エス

Es klingelt.　ベルが鳴っている。
エス　クリンゲルト

④ 熟語として

es gibt + 4 格「〜がある、いる」や、es geht「うまくいく、順調である」
エス ギープト　　　　　　　　　　　　　　　　　エス ゲート
など、非人称主語 es を含む熟語もあります。

Wie geht es Ihnen? —Danke, gut.
ヴィー　ゲート　エス　イーネン　　　ダンケ　　グート

お元気ですか？ ——はい、元気です。

Gibt es hier einen Supermarkt?
ギープト　エス　ヒーア　アイネン　　ズーパーマルクト

このあたりにスーパーマーケットはありますか？

❷ 「何時ですか?」

時刻をたずねたり、答えたりするときにも、非人称主語 es を使います。

Wie spät ist es? —Es ist acht (Uhr).　（今）何時ですか？ ——8 時です。
ヴィー　シュペート　イスト　エス　　　エス イスト　アハト　　ウーア

ドイツ語では時刻をきくとき、wie spät「どのくらい（時間的に）遅い
　　　　　　　　　　　　　　ヴィー シュペート
のか？」ときくのですね。具体的な時刻の言い方については、次の課で学びましょう。

何時ですか？
時刻① 24時制と12時制

ドイツ語の時刻には、日本語と同じように、24時制（公的な時刻）と12時制（日常的な時刻）の二通りの言い方があります。

❶ 公的な時刻は 24 時制

まずは簡単な24時制の言い方から学びましょう。列車やバスの発着時刻、時報など、1分刻みの正確な時刻を伝えるときに用いられます。たとえば朝の6時25分なら、

6 Uhr 25 (sechs Uhr fünfundzwanzig)
ゼクス　ウーア　フュンフウントツヴァンツィヒ
↖[時]

時刻を表す数字の後に Uhr「～時」を置くだけです。Minuten「～分」
　　　　　　　　　　　　　　ウーア　　　　　　　　　　　　　　　　　ミヌーテン
という単位はふつう省略されます。夕方の6時25分なら

18 Uhr 25 (achtzehn Uhr fünfundzwanzig)
アハツェーン　ウーア　フュンフウントツヴァンツィヒ
です。このように、数字さえしっかり覚えていれば、24時制の時刻の言い方はそれほど難しくはありません。

❷ 「15分」と「45分」は Viertel で！（12時制）

日本語でも友人と待ち合わせの時刻を決めるときなどは、「5時半に」とか、「6時ちょっとすぎに」などという言い方をしますね。ドイツ語でも同じです。日常生活の中では、12時制で「～分すぎ」「～分前」「～時半」という表現を使います。

まずは Viertel という単語を覚えましょう。Viertel は英語の quarter で、
　　　　　　フィアテル
ein Viertel で「4分の1」という意味です。時刻では60分の「4分の1」、
アイン　フィアテル
つまり「15分」になります。

Viertel = 15分
フィアテル

これに前置詞の vor「〜の前」や nach「〜の後」をつけてみましょう。
フォーア　　　　　　　　　　ナーハ

Viertel vor ...　　（〜時）15 分前
フィアテル　フォーア

Viertel nach ...　　（〜時）15 分すぎ
フィアテル　ナーハ

たとえば、4 時 45 分なら「5 時 15 分前」と考えて、

Viertel vor fünf
フィアテル　フォーア　フュンフ

6 時 15 分は「6 時 15 分すぎ」なので、

Viertel nach sechs
フィアテル　　　ナーハ　　　ゼクス

です。

　vor と nach は、fünf「5（分）」や zehn「10（分）」などの後につければ、「5 分前」「10 分すぎ」を表すこともできます。

kurz vor ...　〜時ちょっと前		**kurz** nach ...　〜時ちょっとすぎ	
クルツ　フォーア		クルツ　ナーハ	
fünf vor ...　〜時 5 分前		**fünf** nach ...　〜時 5 分すぎ	
フュンフ　フォーア		フュンフ　ナーハ	
zehn vor ...　〜時 10 分前		**zehn** nach ...　〜時 10 分すぎ	
ツェーン　フォーア		ツェーン　ナーハ	
zwanzig vor ...　〜時 20 分前		**zwanzig** nach ...　〜時 20 分すぎ	
ツヴァンツィヒ　フォーア		ツヴァンツィヒ　ナーハ	

　ただし「〜分前」「〜分すぎ」という表現ができるのは、せいぜい 20 分までと思ってください。では「〜時 25 分」とか「〜時 35 分」は 12 時制でどう言えばいいのでしょう。それについては、次の課で「〜時半」という表現を学んでから、説明しましょう。

「〜時半」は要注意！

時刻② 12 時制

🎧27

~~~~~~

❶ 「〜時半」は halb …（12 時制）

「〜時半」という言い方には、halb「半分の」という語を使います。
ハルブ

<div align="center">

halb fünf 4 時半
ハルブ　フュンフ

</div>

　気をつけなくてはならないのは、halb fünf は「5 時半」ではなく「4 時半」だということです。これを間違えてしまうと、一時間遅刻してしまいます！「あと半時間（30 分）で 5 時」と考えるとよいでしょう。halb は時刻を表す数の前に置きますが、vor や nach などの前置詞はつけません。
フォーア　　ナーハ

❷ 「〜時 25 分」は「〜時半」を中心に（12 時制）

　たとえば、9 時 20 分を 12 時制で表わすには、二通りの方法があります。一つはすでに前の課で学んだ、zwanzig nach neun「9 時 20 分すぎ」という言い方です。それともう一つ、halb zehn「9 時半」を中心に言うこともできます。
ツヴァンツィヒ　ナーハ　ノイン　　　　　　　　ハルブ　ツェーン

zehn vor halb zehn
ツェーン　フォーア　ハルブ　ツェーン

9 時 20 分（9 時半の 10 分前）

10 分前	9 時半

10分前

　一方、9 時 40 分を 12 時制で表すときは、vor を使って、こう言います。

zwanzig vor zehn
ツヴァンツィヒ　フォーア　ツェーン

9 時 40 分（10 時 20 分前）

zehn nach halb zehn
ツェーン　ナーハ　ハルブ　ツェーン

9 時 40 分（9 時半の 10 分すぎ）

20分前

10分すぎ

「〜時 25 分」と「〜時 35 分」は、「〜時半（halb ...）」を中心に言います。

fünf vor halb zehn　　9 時 25 分（9 時半の 5 分前）
フュンフ　フォーア　ハルプ　ツェーン

fünf nach halb zehn　　9 時 35 分（9 時半の 5 分すぎ）
フュンフ　ナーハ　ハルプ　ツェーン

5分すぎ　5分前

　ここまで来るとちょっと難しいですね。まずは「〜時半」halb ... を間違わずに使えるようになることが大事です。他の言い方は、アナログ時計をイメージしながら、少しずつ慣れていきましょう。

ここに注意!　① 　12 時制と 24 時制を混ぜないこと！
　「〜時半」や「〜時〜分前 / すぎ」という言い方は、日常的な言い方の 12 時制だけに使え、公的な 24 時制には使えません。たとえば、halb ✕ zwanzig（19 時半）とか Viertel nach ✕ fünfzehn（15 時 15 分すぎ）などという言い方はできないのです。

ここに注意!　② 　「時刻」と「時間」を混同しないこと！
　日本語では「時間」と「時刻」という言葉の境界線があいまいです。たとえば、「待ち合わせの時間を決めよう」などと言いますが、正確には「時刻」のことですよね。本来は、「〜時〜分」は「時刻」であり、ある時刻から時刻までの長さが「時間」なのです。
　その点、ドイツ語でははっきり区別されていて、「時刻」は Uhr、「時間」は Stunde（複数形は Stunden）といいます。
　　　　　　　　　　　　　　　　　ウーア　　　　　　　　シュトゥンデ　　　　　　シュトゥンデン

Wie lange schläfst du?　—Sechs Stunden.
ヴィー　ランゲ　シュレーフスト　ドゥー　　　ゼクス　シュトゥンデン
　睡眠時間はどのくらい？ ──6 時間だよ。

　このように「時間」をたずねるときは、wie lange「どのくらい長く」を用います。これに答えるとき、誤って sechs ✕ Uhr としてしまわないように、気をつけましょう。
　　　　　　　　　　　　　　　　　　　　　　ヴィー　ランゲ

第**25**課 # 動詞が分離する？

複合動詞① 分離と非分離

∩28

　ドイツ語には「分離動詞」という聞きなれないものがあります。文字どおり、一つの動詞が分離するのです。英語にもないので、最初は戸惑うかもしれません。でも、その仕組みをよく理解し、一度マスターしてしまえば、とても覚えやすくて、使いやすいですよ。

❶ ドイツ語はくっつきやすい！

　ドイツ語には、もともと語と語がくっつきやすいという特徴があります。二つ以上の語がくっつき、一つの語になっているのです。

　動詞でもそうです。たとえば、英語では「立ち上がる」「起床する」を get up もしくは stand up と動詞と副詞の二語で表しますね。しかし、ドイツ語では、「立ち上がる」「起床する」は aufstehen と一語です。aufstehen は、もともとは副詞（前置詞）の auf「上へ」と、動詞 stehen「立っている」がくっついたものなのです。

　このような動詞は複合動詞と呼ばれ、複合動詞は「前つづり」と「基本動詞」から成り立っています。

　　　　　　　　　　　　┌─┤基本動詞│
　　　　aufstehen　起床する　← auf 上へ ＋ stehen 立っている
　│前つづり│♂↗

❷ 分離動詞と非分離動詞

　複合動詞は「分離動詞」と「非分離動詞」に分けられます。どちらも「前つづり」と「基本動詞」からできていますが、主文で定動詞として用いられる場合、前つづりが分離し、文末に置かれるのが「分離動詞」です。一方、「前つづり」が分離せず、普通の動詞とほぼ同じように用いられるのが「非分離動詞」です。

複合動詞 ┬ 分離動詞 — abfahren, ankommen, aufstehen など
　　　　　　　　　　　　アプファーレン　　アンコメン　　アオフシュテーエン
　　　　　　　　　　　　（出発する）（到着する）（起床する）
　　　　　└ 非分離動詞 — besuchen, verstehen, erfahren など
　　　　　　　　　　　　ベズーヘン　　フェアシュテーエン　エアファーレン
　　　　　　　　　　　　（訪ねる）　（理解する）（経験する）

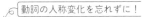

動詞の人称変化を忘れずに！

分離 **Ich stehe um sieben auf.** わたしは 7 時に起きる。
　　　　イヒ　シュテーエ　ウム　ズィーベン　アオフ

前つづりは文末に

非分離 **Ich besuche um zehn eine Vorlesung.**
　　　　　イヒ　ベズーヘ　　ウム　ツェーン　アイネ　フォーアレーズング

分離しない！

わたしは 10 時に講義を聴きに行く。

ここがポイント！ 　**分離／非分離動詞の見分けかた**

①辞書で、前つづりと基本動詞の間に「分離線」が入っているのが分離動
　詞です。　　　auf|stehen

②分離動詞の前つづりには、必ずアクセントが置かれます（非分離の前つ
　づりにはアクセントが置かれません）。　発音するとき気をつけよう！

③前つづり be-, emp-, ent-, er-, ge-, ver-, voll-, zer- にはアクセントが
　　　　　　ベ　　エンプ　エント　エア　ゲ　フェア　フォル　ツェア
　なく、これらがついている動詞は、必ず非分離動詞です。

ここに注意！

　um- や über- などのように、分離動詞にも非分離動詞にも用いられる
　　　ウム　ユーバー
前つづりもあります。辞書では分離線のあるなしで判別できますが、発音
する際は、分離の前つづりにはしっかりアクセントをおきましょう。

übersetzen　　　**非分離** 　翻訳する
ユ バーゼッツェン

über|setzen　　 **分離** 　向こうへ渡す、向こうへ置く
ユーバーゼッツェン

アクセント！

第26課 前つづりには意味がある

複合動詞② 分離動詞とその前つづり 🎧29

　分離動詞の前つづりにアクセントが置かれるということは、意味が強く残っているということですよね。ですから分離動詞の場合、おもな前つづりの意味を感覚的につかんでおくことが大事です。

❶ 前つづりの意味を覚えよう！

　分離の前つづりを覚えるといっても、それらのほとんどは、前置詞や副詞としてすでに学んだものです。前つづりの意味をおさえておけば、新しい分離動詞に出会っても、ある程度意味が想像できるので、あわてることはありません。

前つづり	意味	図	分離動詞	意味
ab- アプ	離れる		abfahren アプファーレン	（乗り物で）出発する
an- アン	接近、接触 相手への働きかけ		ankommen アンコメン anrufen アンルーフェン	到着する 電話をかける
um- ウム	回転、変更、転換 ＊非分離の前つづりでもある		umsteigen ウムシュタイゲン	乗り換える
ein- アイン	（外から）中へ		einsteigen アインシュタイゲン	（乗り物に）乗る
aus- アオス	（中から）外へ		aussteigen アオスシュタイゲン	（乗り物から）降りる
auf- アオフ	上へ		aufstehen アオフシュテーエン	起床する
hin- ヒン	そちらへ		hinfahren ヒンファーレン	（乗り物で）行く
zurück- ツリュック	戻る、後ろへ		zurückkommen ツリュックコメン	帰ってくる
mit- ミット	一緒に、共に、携帯		mitbringen ミットブリンゲン	～を持ってくる、持参する
zusammen- ツザメン	一緒に、共に		zusammenarbeiten ツザメンアルバイテン	協力して働く

❷ 分離動詞は枠構造をつくる！

分離動詞を使って、まずは平叙文を作ってみましょう。

枠構造

Wir kommen um 10 Uhr in Berlin an.
ヴィーア　　コメン　　　ウム　ツェーン　ウーア　イン　ベルリーン　アン
わたしたちは 10 時にベルリンに到着します。 — 前つづりは文末に

分離動詞は文の中で使われるときは「分離」するのでしたね。基本動詞部分は定動詞として第 2 位に、前つづりは文末に置かれます。(Wir ~~ankommen ...~~ とは、絶対になりません！)

定動詞と結びつきの強い要素が文末に置かれ、両者で「枠」を作ることを「枠構造」といいます。分離動詞の場合は、上のように基本動詞部分（第2 位）と前つづり（文末）で枠構造を形成します。「枠構造」はドイツ語に特徴的な性質なので、分離動詞以外にもたびたび出てきますよ。

では、分離動詞を含む疑問文はどうなるのでしょうか？

枠構造

① **Fährst du morgen nach Berlin ab?**
フェールスト　ドゥー　　モルゲン　　ナーハ　ベルリーン　アプ
きみは明日、ベルリンへ出発するの？

枠構造

② **Wann fährt der Zug nach Berlin ab?**
ヴァン　フェールト　デア　ツーク　ナーハ　ベルリーン　アプ
いつ、その列車はベルリンへ出発するのですか？

疑問詞のない疑問文（例文①）では、文頭に分離動詞の基本動詞部分が置かれ、前つづりは文末です。疑問詞（wann）つき疑問文（例文②）では、最初に疑問詞、第 2 位に分離動詞の基本動詞部分、そして主語がきて、前つづりはやはり文末に置かれます。

ここがポイント！　　**分離動詞を見のがすな！**
文の最後に前置詞みたいな小さな単語があったら、分離動詞じゃないかと疑ってください！（もし、前置詞なら、その直後に名詞があるはずです）

確認しよう！

（前置詞・分離動詞）

1 下線部に、前置詞（または前置詞と定冠詞の融合形）を入れてみましょう。

1. _____ Montag stehe ich _____ sieben auf.

   月曜日、わたしは7時に起きます。

2. Dann fahre ich _____ dem Zug _____ Uni.

   それから電車で大学へ行きます。

3. _____ neun _____ elf besuche ich eine Vorlesung.

   9時から11時まで講義を受けます。

4. _____ Nachmittag gehe ich _____ meinem Freund _____ Kino.

   午後、友達と映画へ行きます。

5. _____ Abend bin ich wieder _____ Hause.　夕方はまた家にいます。

6. _____ dem Essen gehe ich _____ Bett.　食後、就寝します。

2 下線部に前置詞と定冠詞を入れてみましょう。

1. Ich gehe _____ _____ Stadt.（街へ行く）

2. Der Schlüssel liegt _____ _____ Tisch.（机の上にある）

3. Ich stecke den Schlüssel _____ _____ Tasche.（ポケットに入れる）

3 分離動詞を下から選び、下線部に正しい形で入れてみましょう。

1. Wo _____ der Zug _____ ? —Von Gleis 6.

   その列車はどこから出発しますか？ ——6番ホームからです。

   ＊ das Gleis …番ホーム

2. _____ Sie in Stuttgart _____ !

   シュトゥットガルトで乗り換えてください。

3. Wir _____ um zehn in München _____.

   わたしたちは10時にミュンヒェンに到着します。

ankommen　　abfahren　　umsteigen

1 **1.** <u>Am</u>, <u>um</u>　am 曜日、um 時刻

　　2. <u>mit</u>, <u>zur</u>　mit 交通手段　熟語 zur Uni fahren 大学へ行く

　　3. <u>Von</u>, <u>bis</u>

　　4. <u>Am</u>, <u>mit</u>, <u>ins</u>　am Nachmittag　　熟語 ins Kino gehen 映画へ行く

　　5. <u>Am</u>, <u>zu</u>　am Abend　熟語 zu Hause sein 家にいる

　　6. <u>Nach</u>, <u>ins</u>　ins は in + das　熟語 ins Bett gehen 就寝する

2 **1.** <u>in die</u>「わたしは街へ行きます」
　　　ここで in は「方向」を示すので4格支配。

　　2. <u>auf dem</u>「鍵は机の上にある」
　　　ここで auf は「場所」を示すので3格支配。

　　3. <u>in die</u>「わたしは鍵をポケットに入れる」
　　　ここで in は「方向」を示すので4格支配。

3 **1.** <u>fährt</u>, <u>ab</u>　abfahren「出発する」
　　　不規則動詞 fahren の人称変化にも注意しましょう！

　　2. <u>Steigen</u>, <u>um</u>　umsteigen「乗り換える」
　　　この文は Sie に対する指示（命令）ですね。

　　3. <u>kommen</u>, <u>an</u>　ankommen「到着する」

「～できる」

助動詞① können

 🎧30

動詞に可能や意志、義務など、意味的なニュアンスを加えるのが、話法の助動詞です。文字どおり、動詞を助けているのですね。

❶ いろいろな話法の助動詞

ドイツ語にもだいたい英語の助動詞に相当するものがあります。

können（英can）～できる
ケネン

müssen（英must）～しなければならない
ミュッセン

wollen（英will）～するつもりだ、～したい
ヴォレン

möchte（英would like to...）～したいのですが
メヒテ

dürfen（英may）～してもよい
デュルフェン

sollen（英should）～すべきだ
ゾレン

❷ können の人称変化
ケネン

ドイツ語の助動詞は主語によって形が変わるという点では、英語とはちがいます。まずは、können の現在人称変化から見てみましょう。
ケネン

〈単数主語〉　　　〈複数主語〉

ich **kann**　　　wir **können**
イヒ　カン　　　　ヴィーア　ケネン

du **kannst**　　ihr **könnt**
ドゥー　カンスト　イーア　ケント

er **kann**　　　sie **können**
エア　カン　　　　ズィー　ケネン

-t はつかない　　Sie **können**
　　　　　　　　ズィー　ケネン

普通の動詞の現在人称変化とは少しちがうことに気がつきましたか？主語が単数のときはすべて、ö が a になります。不定詞とは形がかなりちがうので気をつけましょう。また、主語が ich のときと、er（sie, es）のときは、どちらも kann です。können に限らず、話法の助動詞は、主語が ich と er のとき同じ形になります。
　カン

❸ 助動詞と動詞は離ればなれに…

　もう一つ、英語とちがう点は語順です。英語で「彼はドイツ語をとても上手に話すことができる」と言うと、

He　can　speak German very well.

<u>助動詞</u>　　　　　　<u>動詞の原形</u>

　このように助動詞の直後に動詞の原形を入れましたね。では、ドイツ語ではどうなるでしょう。

英語とは語順がちがうよ！

―――枠構造―――

Er　kann　sehr gut Deutsch sprechen.
エア　カン　ゼーア　グート　ドイチュ　シュプレッヒェン

<u>助動詞</u>　　　　　　　　　　<u>不定詞（動詞の原形）</u>

　ドイツ語では、助動詞を定動詞の位置（第2位）に置き、不定詞を文末に置きます。ここでも「枠構造」が形成されるわけです。

❹ 「可能」の können ──「〜できる」

　形と語順をおさえたところで、今度は können の意味について説明しましょう。können といえば、まずは「〜できる」（可能）です。

Kannst du Klavier spielen?　きみはピアノひける？
カンスト　ドゥー　クラヴィーア　シュピーレン

―Ja, ich kann gut Klavier spielen.　──うん、上手くひけるよ。
ヤー　イヒ　カン　グート　クラヴィーア　シュピーレン

―Nein, ich kann gar nicht Klavier spielen.
ナイン　イヒ　カン　ガール　ニヒト　クラヴィーア　シュピーレン
　　──いいや、全くひけない。

　疑問詞のない疑問文では、助動詞は文頭に、不定詞は文末に置かれます。

　他にも、können は「〜してくれませんか」と「依頼」の意味でも使われます。

Können Sie mir helfen? ―Ja, gern!
ケネン　ズィー　ミーア　ヘルフェン　　ヤー　ゲルン
　わたしを手伝ってくれませんか？　──ええ、よろこんで！

「～してもいいですか」

第28課 助動詞② müssenとdürfen

31

ここでは、「義務」を表す助動詞 müssen と「許可」を表す
助動詞 dürfen について学びましょう。
デュルフェン

❶ müssen の人称変化
ミュッセン

〈単数主語〉 〈複数主語〉

ich **muss** wir **müssen**
イヒ ムス ヴィーア ミュッセン

[同じ] du **musst** ihr **müsst**
ドゥー ムスト イーア ミュスト

er **muss** sie **müssen**
エア ムス ズィー ミュッセン

Sie **müssen**
ズィー ミュッセン

主語が単数のとき、ü が u になっていますね。主語が ich のときと、er
（sie, es）のときは、どちらも muss で同じ形です。
ムス

❷ 「義務」の müssen ──「～しなければならない」

müssen は基本的に「～しなければならない」という、「義務」や「必要」
ミュッセン
を表します（英語の must にあたります）。

〔不定詞は文末！〕

Ich muss jetzt nach Hause gehen.
イヒ ムス イェッツト ナーハ ハオゼ ゲーエン

わたしは今、家に帰らなくてはならない。

müssen を nicht で否定すると、「～しなくてもいい」「～する必要はな
ニヒト
い」という意味になります。

〔nicht はここ！ 文末には置けません！〕

Am Samstag muss er nicht arbeiten.
アム ザムスターク ムス エア ニヒト アルバイテン

彼は土曜日には働かなくてもいい。

72

❸ dürfen の人称変化
デュルフェン

〈単数主語〉	〈複数主語〉
ich **darf** イヒ ダルフ	wir **dürfen** ヴィーア デュルフェン
du **darfst** ドゥー ダルフスト	ihr **dürft** イーア デュルフト
er **darf** エア ダルフ	sie **dürfen** ズィー デュルフェン
	Sie **dürfen** ズィー デュルフェン

　dürfen も können と同じように、主語が単数のとき、不定詞とはかな
デュルフェン
り形が変わります。ich と er（sie, es）が主語のときは darf、du が主語
ダルフ
のときは darfst になるのです。
ダルフスト

❹ 「許可」の dürfen ── 「～してもよい」

　相手に「～してもいいですか」と許可を得るときは、Darf ich ...？と聞
きます。

Darf ich hier rauchen?　ここでタバコを吸ってもいいですか？
ダルフ　イヒ　ヒーア　　ラオヘン

　また、dürfen は否定形でもよく使われ、「～してはいけない」という
「禁止」の意味になります。

Hier darf man nicht rauchen.　ここは禁煙です。
ヒーア　ダルフ　マン　ニヒト　ラオヘン

　この man は不特定の「人々」を意味しますが、日本語ではふつう訳し
マン
ません。文法上 man は 3 人称単数（er と同じ）扱いになります。ちなみに、
特定の男性を意味する der Mann「男」とはちがう単語なので、間違えな
マン
いようにしましょう。

　不定詞が parken（駐車する）なら「駐車禁止」、fotografieren（写真を
パルケン　　　　　　　　　　　　　　　　　　　　　フォトグラフィーレン
とる）なら「写真撮影禁止」の意味になります。

ここに注意!　dürfen の否定（～してはいけない）は müssen の否定（～し
なくてもいい）と混同しやすいので気をつけましょう。

「〜したい」
助動詞③ möchte と wollen

🎧32

「〜したい」と主語の「願望」を表すとき、最もよく使われる助動詞が möchte です。主語の「意志」を表す wollen とともに学びましょう。
メヒテ　　　　　　　　　　　　　　　　　　　ヴォレン

❶ möchte の人称変化
メヒテ

〈単数主語〉　　　〈複数主語〉

ich **möchte**　　　wir **möchten**
イヒ　メヒテ　　　　ヴィーア　メヒテン

du **möchtest**　　ihr **möchtet**
ドゥー　メヒテスト　　イーア　メヒテット

er **möchte**　　　sie **möchten**
エア　メヒテ　　　　ズィー　メヒテン

Sie **möchten**
ズィー　メヒテン

じつは möchte は、mögen という「好み」や「推量」をあらわす助動詞
の特別な形（接続法Ⅱ式）です。しかし、日常的には mögen より圧倒的
に möchte という形で使われることが多いのです。英語の would like to
... と同じように、「願望」や「要求」を丁寧な言い方で伝えるからです。

❷ 「願望」の möchte ── 「〜したいのですが」

möchte は「〜したいのですが」と主語の「願望」を控えめに表す助動
詞です。日常生活では、買い物、カフェやレストランで注文するときにも
使える便利な表現です。Ich möchte ... と言うだけで、自分の欲しいもの
イヒ　メヒテ
やしたいことが何でも伝えられますよ。

Ich möchte einmal nach Wien fahren.
イヒ　　メヒテ　　アインマール　　ナーハ　ヴィーン　ファーレン
　一度、ウィーンへいってみたいな。

Ich möchte eine Wurst essen.
イヒ　　メヒテ　　アイネ　ヴルスト　エッセン
ソーセージが食べたいのですが。

　一方、疑問文にして、Möchten Sie ... ? / Möchtest du ... ? と言えば、
メヒテン　ズィー　　　　　　　メヒテスト　ドゥー

相手の欲しいものを聞いたり、何かをすすめたりすることができます。

省略することもできる

Möchten Sie einen Kaffee (trinken)? コーヒーを一杯いかがですか？
メヒテン　ズィー　アイネン　カフェー　トリンケン

—Ja, bitte./Nein, danke. はい、いただきます。/ いいえ、けっこうです。
ヤー　ビッテ　ナイン　ダンケ

❸ wollen の人称変化
ヴォレン

〈単数主語〉　　　〈複数主語〉

ich **will**　　　　 wir **wollen**
イヒ　ヴィル　　　　ヴィーア　ヴォレン

du **willst**　　　 ihr **wollt**
ドゥー　ヴィルスト　　イーア　ヴォルト

er **will**　　　　 sie **wollen**
エア　ヴィル　　　　ズィー　ヴォレン

Sie **wollen**
ズィー　ヴォレン

「〜したい」という気持ちを表すもう一つの助動詞が wollen です。主語
が単数のときは、英語の will に形がそっくりですね。ただし、wollen は
英語の will のように「単純未来」の意味では使わないので注意しましょう。

❹ 「意志」の wollen ──「〜したい」「〜するつもりだ」

möchte が主語の「〜したい」という気持ちを控えめに表すのに対し、
wollen は主語の「意志」をよりストレートに伝えます。
ヴォレン

Ich will Schauspielerin werden. わたしは俳優になりたい。
イヒ　ヴィル　シャオシュピーレリン　ヴェーアデン

（＊男性形は Schauspieler 俳優）
シャオシュピーラー

また、wollen は主語を wir にして疑問文にすれば、「〜しませんか？」
と相手に行動を促す表現にもなります。

Wollen wir ins Kino gehen? 映画に行きませんか？
ヴォレン　ヴィーア　インス　キーノ　ゲーエン

第 30 課 「〜したほうがいい？」

助動詞④ sollen 🎧33

sollen は英語の should にあたり、まず第一に「〜すべき」と訳されることが多いようです。しかし、実際に sollen が意味するところはさまざまで、ときには「〜すべき」ではしっくりこないときもあります。

❶ sollen の人称変化

〈単数主語〉　　〈複数主語〉

ich **soll**　　wir **sollen**
イヒ　ゾル　　ヴィーア　ゾレン

du **sollst**　　ihr **sollt**
ドゥー　ゾルスト　　イーア　ゾルト

er **soll**　　sie **sollen**
エア　ゾル　　ズィー　ゾレン

Sie **sollen**
ズィー　ゾレン

❷ sollen は 「主語以外の人の主張」 を表す

wollen が主語の意志を表すのに対し、sollen は基本的に「主語以外の人の主張や考え」を表します。つまり、話し手や漠然とした第三者（世間の人々など）が主語に対して「こうすべきだ」とか「こうしてほしい」と思っていることを示すのです。

①「〜すべき」（義務、必要）

Ich habe Kopfschmerzen. Was soll ich machen?
イヒ　ハーベ　コプフシュメルツェン　ヴァス　ゾル　イヒ　マッヘン
頭痛がします。どうしたらいいだろう。

②「〜したほうがいい」（話し手の意思、強いすすめ、指示）

Du sollst zum Arzt gehen. 医者に行ったほうがいい。
ドゥー　ゾルスト　ツム　アルツト　ゲエン

③「〜しましょうか？」「〜してほしいですか？」（疑問文 Soll ich ...？で、
ゾル　イヒ
相手の意向をたずねる）

Soll ich das Fenster aufmachen? 窓を開けましょうか？
ゾル　イヒ　ダス　　フェンスター　　アオフマッヘン

④「（〜すべきだ）と言われている」（第三者の意思）

Klaus soll mehr Sport treiben.
クラオス　ゾル　メーア　シュポルト　トライベン

　　クラウスはもっとスポーツをするよう言われている。（医者などからのアドバイス）

⑤「〜だそうだ」（うわさ）

Herr Fischer soll krank sein. フィッシャーさんは病気だそうだ。
ヘル　フィッシャー　ゾル　クランク　ザイン

（助動詞のまとめ）　不定詞が省略されることもある！

　　können や möchte を含む文では、文末の不定詞が省略されることもよ
　　　ケネン　　　メヒテ
くあります。その場合は単独の動詞として扱われ、können は「〜ができ
る」、möchte は「〜がほしい」という意味になります。

Er kann gut Deutsch. 彼はドイツ語がよくできる。
エア　カン　グート　ドイチュ

Ich möchte einen Kaffee. コーヒーを一杯ください。
イヒ　メヒテ　アイネン　カフェー

（おまけ）　「いらっしゃいませ」も助動詞と

Kann ich Ihnen helfen? （㋐Can I help you?）
カン　イヒ　イーネン　ヘルフェン

　　お手伝いしましょうか？ →（店員が客に）何にいたしましょう？

Was darf's sein? / Was soll es sein?
ヴァス　ダルフス　ザイン　　ヴァス　ゾル　エス　ザイン

　　（店員が客に）何にいたしましょう？

＊ darf's= darf es
　's は es または das の略記

　　日本では客が店に入ると、店員が「いらっしゃいませ」と声をかけますね。
ドイツでは、これとほぼ同じタイミングで、上のような声がかけられます。
三つとも、店員が客に対してかける言葉で、「何にいたしましょうか？」
と、客に買いたいものを聞いたり、注文をとったりするときに用いられま
す。

形容詞いろいろ

形容詞の語尾変化①

 34

形容詞は物事の性質や様子を表す言葉です。ドイツ語でも基本的に日本語や英語と同じように使えますが、名詞にかける場合は語尾をつけます。

❶ 形容詞は反対語で覚えよう!

まず、よく使う形容詞を覚えることから始めましょう! 反対語にしたり、同じカテゴリーでまとめておくと覚えやすいですよ。

反対語

neu 新しい ⇔ **alt** 古い
ノイ　　　　　アルト

gut よい ⇔ **schlecht** 悪い
グート　　　　シュレヒト

groß 大きい ⇔ **klein** 小さい
グロース　　　　クライン

kalt 冷たい ⇔ **warm** 温かい、
カルト　　　　　ヴァルム

heiß 熱（暑）い
ハイス

gesund 健康な ⇔ **krank** 病気の
ゲズント　　　　　クランク

richtig 正しい ⇔ **falsch** 間違った
リヒティヒ　　　　ファルシュ

schön 美しい ⇔ **hässlich** 醜い
シェーン　　　　　ヘスリヒ

teuer （値段が）高い ⇔ **billig** 安い
トイアー　　　　　　　　ビリヒ

色を表す形容詞

rot 赤い　　**weiß** 白い　　**schwarz** 黒い　　**blau** 青い
ロート　　　　ヴァイス　　　　シュヴァルツ　　　　ブラオ

gelb 黄色い　　**grün** 緑色の　　**braun** 茶色い
ゲルプ　　　　　グリューン　　　　ブラオン

性格を表す形容詞

nett 親切な　　**freundlich** 親切な（英friendly）　　**streng** 厳しい
ネット　　　　　フロイントリヒ　　　　　　　　　　シュトレング

interessant おもしろい　　**langweilig** 退屈な　　**fleißig** 勤勉な
インテレサント　　　　　　　ラングヴァイリヒ　　　　フライスィヒ

-lich や -ig で終っているものがありますね。これは形容詞の語尾です。

freundlich や interessant など、形容詞の中には un- という否定の前つ
ウン

78

づりをつけるだけで反対の意味になるものもあります。unfreundlich は
「不親切な」、uninteressant は「おもしろくない」です。
ウンインテレサント

❷ 形容詞の用法

①形容詞はまず、「その女性は美しい」というように、「述語」として使う
　ことができます。ドイツ語では sein や werden などの動詞とともに使
　　　　　　　　　　　　ザイン　　　　ヴェーアデン
　用いられ、主語の性質や様子を表します。この場合、形容詞に語尾はつ
　きません。

Die Frau ist schön.　その女性は美しい。
ディ　フラオ　イスト　シェーン

②「美しい女性」のように、名詞の前に形容詞が置かれ、名詞を修飾する
　使い方を付加語的用法といいます。ドイツ語ではこの場合、形容詞に語
　尾がつきます。

schöne Frau　美しい女性
シェーネ　フラオ

　形容詞の語尾は、後ろに置かれている名詞の性と数、また冠詞の種類に
より、3 パターンの格変化をします。まずは冠詞がないパターンから見て
みましょう。

❸ 形容詞の語尾変化

① 冠詞なしの場合

　形容詞の前に冠詞類がない場合、形容詞の語尾は定冠詞（der, die, das）
にそっくりな語尾変化をします。それにより、名詞の格や性を示すのです。

	紅茶（男）	新鮮な牛乳（女）	冷たいビール(中)	温かい飲み物（複）
1格	schwarzer Tee シュヴァルツァー　テー	frische Milch フリッシェ　　ミルヒ	kaltes Bier カルテス　ビーア	warme Getränke ヴァルメ　ゲトレンケ
3格	schwarzem Tee シュヴァルツェム	frischer Milch フリッシャー	kaltem Bier カルテム	warmen Getränken ヴァルメン　ゲトレンケン
4格	schwarzen Tee シュヴァルツェン	frische Milch フリッシェ	kaltes Bier カルテス	warme Getränke ヴァルメ

第32課 形容詞も形が変わる！
形容詞の語尾変化②

🎧35

ここでは形容詞の語尾変化の残りのパターンを見てみましょう。

❶ 形容詞の語尾変化

②定冠詞（類）＋形容詞の場合

形容詞の前に定冠詞がある場合は、定冠詞の形で格、性、数がわかるので、形容詞の語尾は最低限のもの、-e か -en となります。それでも、すべての格変化を一度に覚えるのは大変ですよね。まずは一番よく使う単数の1格と4格から覚えましょう！ 単数の1格と4格のうち、男性4格だけ -en ですが、後は -e です。3格はすべて -en、複数はすべての格で -en になります。-e か -en のどちらかなので、少しずつ慣れていけば、大丈夫ですよ！

	古いセーター（男）	新しい上着（女）	白いシャツ（中）
1格	der alte Pullover デア アルテ プローヴァー	die neue Jacke ディ ノイエ ヤッケ	das weiße Hemd ダス ヴァイセ ヘムト
3格	dem alten Pullover デム アルテン	der neuen Jacke デア ノイエン	dem weißen Hemd デム ヴァイセン
4格	den alten Pullover デン アルテン	die neue Jacke ディ ノイエ	das weiße Hemd ダス ヴァイセ

	赤い靴（複）
1格	die roten Schuhe ディ ローテン シューエ
3格	den roten Schuhen デン ローテン シューエン
4格	die roten Schuhe ディ ローテン

1格

Der alte Pullover gefällt mir.
デア アルテ プローヴァー ゲフェルト ミーア

わたしはその古いセーターが気に入っています。

Wie finden Sie die roten Schuhe?　その赤い靴をどう思いますか？
ヴィー　フィンデン　ズィー　ディ　ローテン　シューエ

> ＊ 4 格目的語 + 形容詞 + finden で「…を〈形容詞〉だと思う」
> Wie finden Sie …? は「…をどう思いますか？」

③不定冠詞（類）＋形容詞の場合

　形容詞の前に不定冠詞（ein）や所有冠詞（mein など）がある場合は、すでに見てきた二つのパターンの「混合」形になります。つまり、基本的には②「定冠詞＋形容詞」の変化と同じ。ただし、男性1格と中性1格、中性4格だけは、不定冠詞がともに ein で区別がつかないため、形容詞の語尾によって示す必要があります。男性1格の形容詞語尾には -er、中性1格と4格には -es をつけます。

	古いセーター（男）	新しい上着（女）
1格	ein alter Pullover アイン　アルター　プローヴァー	eine neue Jacke アイネ　ノイエ　ヤッケ
3格	einem alten Pullover アイネム　アルテン	einer neuen Jacke アイナー　ノイエン
4格	einen alten Pullover アイネン　アルテン	eine neue Jacke アイネ　ノイエ

	白いシャツ（中）	わたしの赤い靴（複）
1格	ein weißes Hemd アイン　ヴァイセス　ヘムト	meine roten Schuhe マイネ　ローテン　シューエ
3格	einem weißen Hemd アイネム　ヴァイセン	meinen roten Schuhen マイネン　ローテン　シューエン
4格	ein weißes Hemd アイン　ヴァイセス	meine roten Schuhe マイネ　ローテン

Er trägt eine neue Jacke.　彼は新しい上着を着ています。
エア　トレークト　アイネ　ノイエ　ヤック

81

1 下線部に、助動詞を正しい形で入れてみましょう。

1. ＿＿＿＿＿ du Japanisch sprechen? —Ja, ich ＿＿＿＿＿ Japanisch
   sprechen.（〜できる）

2. Hier ＿＿＿＿＿ man leise sein.（〜しなければならない）＊ leise 静かに

3. ＿＿＿＿＿ ich hier parken? —Nein, hier ＿＿＿＿＿ man nicht parken.
   （「ここに駐車してもいいですか？」）

4. Ich ＿＿＿＿＿ einen Kuchen essen.（〜したいのですが、願望）

   ＊ der Kuchen ケーキ

5. Er ＿＿＿＿＿ in Berlin studieren.（〜したい、〜するつもりだ、意志）

6. ＿＿＿＿＿ wir ins Café gehen?（〜しませんか？）

   ＊ ins Café gehen カフェに行く

7. ＿＿＿＿＿ ich das Fenster aufmachen?（〜しましょうか？）

8. Du ＿＿＿＿＿ mehr Gemüse essen.（〜したほうがいい）

   ＊ das Gemüse 野菜

9. ＿＿＿＿＿ ich Ihnen helfen?（店員が客に「何にいたしましょう？」）

10. Was ＿＿＿＿＿ es sein?（店員が客に「何にいたしましょう？」）

2 反対の意味になる形容詞を答えてみましょう。

1. neu ⇔ ＿＿＿＿＿ 　　　 2. groß ⇔ ＿＿＿＿＿

3. warm ⇔ ＿＿＿＿＿ 　　　 4. falsch ⇔ ＿＿＿＿＿

5. billig ⇔ ＿＿＿＿＿ 　　　 6. freundlich ⇔ ＿＿＿＿＿

3 下線部に、形容詞を正しい形で入れてみましょう。

1. Er trägt ein ＿＿＿＿＿ Hemd und eine ＿＿＿＿＿ Jacke.
   彼は白いシャツと黒い上着を着ています。

2. Die ＿＿＿＿＿ Frau hat einen ＿＿＿＿＿ Hund.
   その美しい女性は小さな犬を持って（飼って）いる。　　　 ＊ der Hund 犬

1　**1.** <u>Kannst, kann</u>「きみ、日本語話せる？ ——うん、話せるよ」

　　2. <u>muss</u>「ここでは静かにしなければならない」

　　3. <u>Darf, darf</u>「ここに駐車してもいいですか？ ——いいえ、ここは駐車禁止です」

　　　dürfen の否定は「禁止」でしたね。

　　4. <u>möchte</u>「ケーキが食べたいのですが」

　　5. <u>will</u>「彼はベルリンの大学で学びたいと思っている」

　　6. <u>Wollen</u>「カフェに行きませんか？」

　　　Wollen wir...? は「〜しませんか？」と相手に行動を促したり、誘ったりするときに使われます。

　　7. <u>Soll</u>「窓をあけましょうか？」

　　　sollen は基本的に「主語以外の人の意思」を表しますが、Soll ich...? は、話し手が、相手の意向を聞くときに使われます。

　　8. <u>sollst</u>「きみはもっと野菜を食べたほうがいい」

　　　この sollen は「話し手の強いすすめ」を表します。

　　9. <u>Kann</u>

　　10. <u>soll</u> または <u>darf</u>

2　**1.** neu 新しい ⇔ <u>alt</u> 古い　　**2.** groß 大きい ⇔ <u>klein</u> 小さい

　　3. warm 温かい ⇔ <u>kalt</u> 冷たい　**4.** falsch 間違った ⇔ <u>richtig</u> 正しい

　　5. billig 安い ⇔ <u>teuer</u>（値段が）高い

　　6. freundlich 親切な ⇔ <u>unfreundlich</u> 不親切な

3　**1.** ein <u>weißes</u> Hemd（中性 4 格）、eine <u>schwarze</u> Jacke（女性 4 格）

　　2. Die <u>schöne</u> Frau（女性 1 格）、einen <u>kleinen</u> Hund（男性 4 格）

文と文をつなげよう！

接続詞と副文　　　　　　　　　🎧36

　ここまでは単文のみを扱ってきましたが、ここからは二つ以上の文をつなげてみましょう。それにより「理由」や「条件」などをスムーズに表現することができますよ。

❶ 「従属の接続詞」とは？

　文と文をつなげる役割をするのが「接続詞」です。まずは、文のつなげ方を学びましょう。

① **Er kommt heute nicht.**　彼は今日、来ない。
　エア　　コムト　　　ホイテ　　ニヒト

② **Er ist krank.**　彼は病気である。
　エア　イスト　クランク

　「彼は病気である」という文②が、文①「彼は今日、来ない」ことの「理由」になるように、「理由」を表す接続詞 weil「〜なので」を使いましょう。
　　　　　　　　　　　　　　　　　　　　　　　　ヴァイル

Er kommt heute nicht, <u>weil er krank ist</u>.
　エア　　コムト　　ホイテ　　ニヒト　　ヴァイル　エア　クランク　イスト

　　　　主文 ↗　　　　　　↖ 副文　　彼は病気なので、今日、来ない。

　二つの文のうち、より大事なことは「彼は今日、来ない」ことなので、文①をメインの文＝「主文」にします。そして、「理由」を説明する文②はサブの文＝「副文」にします。副文の文頭に接続詞（weil）をつけて、二つの文をつなぎます。その際、接続詞の前にコンマ（, ）を打ちます。

　「主文」と「副文」という、主従関係が生じているのですね。このようなときに使われる、weil のような接続詞を「従属の接続詞」と言います。

❷ 副文では語順に注意！

　上の例文で、副文の中の ist の位置に注目してください！ これまでに習った「定動詞第 2 位の原則」からすると、ちょっとおかしいですね。

副文では、定動詞が文末に置かれるのです（定動詞後置）。

また、副文は主文の前に来ることもあります。

動詞は副文の最後に！

Weil er krank ist, kommt er heute nicht.
ヴァイル　エア　クランク　イスト　　　コムト　エア　ホイテ　ニヒト

副文　　　　　　　　　　　　主文

　この場合、後ろに来る主文の定動詞の位置にも気をつけてください！
主文の最初に定動詞（kommt）が置かれていますね。副文全体が文の一
成分としてみなされるため、「定動詞第2位の原則」にしたがい、こうな
ります。

❸ 真っ先に覚えてほしい「従属の接続詞」

① wenn　～なら（条件）、～すると（時）
ヴェン

Wenn das Wetter schön ist, machen wir einen Spaziergang.
ヴェン　ダス　ヴェッター　シェーン　イスト　マッヘン　ヴィーア　アイネン　シュパツィーアガング

　天気がいいなら、わたしたちは散歩をします。

ここに注意！　英語の when に似ているせいか、最初は wenn をいつも「～
のとき」と訳してしまいがちです。しかし、wenn は「～なら」と条件
　　　　　　　　　　　　　　　　　　　　　　　　ヴェン
を意味することがよくあることを忘れずに！

② obwohl　～にもかかわらず
オブヴォール

Obwohl es regnet, machen wir einen Ausflug.
オブヴォール　エス　レーグネット　マッヘン　ヴィーア　アイネン　アオスフルーク

　雨が降っているにもかかわらず、わたしたちはハイキングをします。

③ dass　～ということ
ダス

Weißt du, dass sie verheiratet ist?
ヴァイスト　ドゥー　ダス　ズィー　フェアハイラーテット　イスト

　きみは彼女が結婚していることを知ってる？

④ ob　～かどうか　　　dass や ob は、よく wissen と一緒に使われます！
オブ

Ich weiß nicht, ob er morgen kommt.
イヒ　ヴァイス　ニヒト　オブ　エア　モルゲン　コムト

　彼が明日来るかどうか、わたしは知らない。

第34課 文のつなげ方はいろいろ！
接続詞 🎧37

接続詞には「従属の接続詞」のほかに、「並列の接続詞」というものもあります。また、「従属の接続詞」と同じように使われる疑問詞の用法についても学びましょう。

❶ 「並列の接続詞」とは？

「並列の接続詞」とは次のようなものです。

und そして　ウント　**aber** しかし　アーバー　**oder** あるいは　オーダー　**denn** というのも　デン

これらの接続詞が「従属の接続詞」とちがう点は、文と文を単純に結びつけるということです。「従属の接続詞」は「副文」を導くので、結びつけた二つの文に主従関係が生じるのでしたね。しかし「並列の接続詞」によって結びつけられた二つの文はあくまで<u>対等</u>なのです。

> 動詞の位置はそのまま！

Meine Schwester geht einkaufen, aber ich bleibe zu Hause.
マイネ　シュヴェスター　ゲート　アインカオフェン　アーバー　イヒ　ブライベ　ツー　ハオゼ
わたしの姉は買い物に行くけれども、わたしは家にいます。

aber はただ二つの文をつなげているだけで、<u>後にくる文の定動詞は位置が変わりません。</u>

❷ 「理由」を表す接続詞 ― weil と denn

並列の接続詞 denn は「理由」を表します。では、weil とどうちがうのでしょうか？　二つの例文を並べて、比べてみましょう。

Er kommt heute nicht, weil er krank ist. 〈従属の接続詞〉

エア　　　　コムト　　　ホイテ　　　ニヒト　　　ヴァイル　エア　クランク　イスト

彼は病気なので、今日、来ません。

> 動詞は後ろに！

> 動詞の位置はそのまま！

Er kommt heute nicht, denn er ist krank. 〈並列の接続詞〉

エア　　　　コムト　　　ホイテ　　　ニヒト　　　デン　　エア　イスト　　クランク

彼は今日来ません、というのも病気だからです。

　どちらの例文も、彼が病気のため来られないという「理由」を伝えているので、内容的にはほぼ同じです。あえてニュアンスのちがいをいうのなら、weil は「彼が病気だ」という理由をはっきり述べたいときに使われ、denn は理由をつけ足す感じになります。

　一番大きなちがいは語順です。接続詞に導かれた文の定動詞の位置に注目してください。「従属の接続詞」weil が使われると、副文の定動詞が文末に置かれます。けれども、denn は「並列の接続詞」なので、語順（定動詞の位置）は変わらないのです。

　文の意味内容はほぼ同じでも、使い方がちがうのですね。この weil と denn の書き換えは、テストや検定などでも出題されることがありますので、要チェックです！

❸ 従属の接続詞のように使う疑問詞

　was、wie、wo、wer などの疑問詞も、接続詞のように文と文をつなげ

ウァス　　ヴィー　　ヴォー　　ヴェーア

ることができます。その際、疑問詞の前にコンマ（ , ）を打ちます。従属の接続詞のように副文を導くので、疑問詞を含む文（副文）の定動詞が文末に置かれることに気をつけましょう。

Ich weiß nicht, wo das Hotel ist.

イヒ　　ヴァイス　　ニヒト　　ヴォー　　ダス　　ホテル　　イスト

> 動詞は後ろに！

そのホテルがどこにあるのか、わたしは知りません。

Können Sie mir sagen, wie ich zum Bahnhof komme?

ケネン　　ズィー　ミーア　　ザーゲン　　　ヴィー　イヒ　ツム　　　　バーンホーフ　　　コメ

駅までの道（駅までどのように行ったらいいか）を教えてください。

第**35**課 「わたし自身」
再帰代名詞・再帰動詞

38

～～～～～～～～～～～～～～～～～～～～～～～～～～～～～～

❶ 再帰代名詞とは?

　一つの文の中で、主語と同一のものを表す3・4格の代名詞を「再帰代名詞」といいます。英語の～self にあたり、基本的に「～自身を（に）」という意味です。

	(ich)	(du)	(er/sie/es)	(wir)	(ihr)	(sie)	(Sie)
3 格	mir	dir	sich ズィヒ	uns	euch	sich	sich
4 格	mich	dich	sich	uns	euch	sich	sich

　再帰代名詞の1人称と2人称は人称代名詞の3格・4格と同じ形ですね。3人称と敬称2人称のみ sich となります。ところで、人称代名詞とのちがいは何でしょう。
　　　ズィヒ

① **Er ärgert ihn.**　〈←人称代名詞〉彼は彼（主語とは別人）を怒らせる。
エア　エルガート　イーン

② **Er ärgert sich.**　〈←再帰代名詞〉彼は怒っている。
エア　エルガート　ズィヒ

　例文①では、主語（er）と目的語の人称代名詞（ihn）は別人で、「彼」は別の男の人を怒らせるという意味になります。一方、例文②では、主語（er）と再帰代名詞（sich）は同一人物です。「彼は彼自身を怒らせる」ということなのですが、sich ärgern は「怒る、腹を立てる」という意味になります。
　　　　　　　ズィヒ　エルガーン

❷ 再帰動詞とは?

　ärgern のように、再帰代名詞と一緒に特定の意味で使われる動詞を「再帰動詞」と言います。再帰代名詞はふつう sich で表し、辞書で sich⁴や sich³ と記されていたら、再帰代名詞の4格あるいは3格と一緒に使う再帰動詞のことです。実際に使うときは、主語にあわせて sich を mich やdich などに変える必要があります。

88

sich⁴ setzen ズィヒ　ゼッツェン	座る	sich⁴ vorstellen フォーアシュテレン	自己紹介する
sich⁴ beeilen ベアイレン	急ぐ	sich⁴ waschen ヴァッシェン	体を洗う
sich⁴ duschen ドゥッシェン	シャワーを浴びる	sich⁴ umziehen ウムツィーエン	着替える
sich⁴ anziehen アンツィーエン	服を着る	sich⁴ ausziehen アオスツィーエン	服を脱ぐ

Wir müssen uns beeilen.　わたしたちは急がなくてはならない。
ヴィーア　ミュッセン　ウンス　ベアイレン

Darf ich mich vorstellen?　自己紹介してもいいですか？
ダルフ　イヒ　ミヒ　フォーアシュテレン

❸　3格の再帰代名詞の使い方

①「自分のために」「自分用に」── kaufen「買う」などと。
　　　　　　　　　　　　　　　　　　カオフェン

Ich kaufe mir eine Tasche.　わたしは（自分用に）バッグを買う。
イヒ　カオフェ　ミーア　アイネ　タッシェ

②体の一部を表す語（目的語4格）と共に ── waschen「洗う」や putzen
　　　　　　　　　　　　　　　　　　　　　ヴァッシェン　　　　プッツェン

「磨く」などと。　　　　必ず定冠詞をつけます！

Ich wasche mir die Hände.　わたしは手を洗う。
イヒ　ヴァッシェ　ミーア　ディ　ヘンデ

Ich putze mir die Zähne.　わたしは歯を磨く。
イヒ　プッツェ　ミーア　ディ　ツェーネ

❹　再帰動詞の重要熟語を覚えよう！

　再帰動詞には特定の前置詞とセットで、熟語になっているものもあります。前置詞までしっかり覚えましょう！

Er interessiert sich für Politik.　彼は政治に興味がある。
エア　インテレスィーアト　ズィヒ　フューア　ポリティーク

Ich freue mich auf den Urlaub.　わたしは休暇を楽しみにしている。
イヒ　フロイエ　ミヒ　アオフ　デン　ウーアラオプ

Ich freue mich über das Geschenk.
イヒ　フロイエ　ミヒ　ユーバー　ダス　ゲシェンク

　わたしはプレゼントをもらってうれしい。

ここに注意!　sich freuen は一緒に使う前置詞により意味がちがいます。auf
　　　　　ズィヒ　フロイエン
… 4格なら「（これからの出来事を）楽しみにしている」、über … 4格
なら「（すでに起こった出来事やそれで得たものが）うれしい」です。

「〜すること」
zu 不定詞（句）

39

〰〰〰〰〰〰〰〰〰〰〰〰〰〰〰〰〰〰〰〰〰〰〰〰〰〰〰

英語の to 不定詞にあたるものが、zu 不定詞です。「〜すること」あるいは「〜するため」という意味で使います。

❶ zu 不定詞と zu 不定詞句

たとえば、spielen「遊ぶ、（スポーツなどを）する」を zu 不定詞にすると、

zu spielen 遊ぶこと、（スポーツなどを）すること
ツー　シュピーレン

となります。英語なら to play ですね。では、これに目的語を加えて、「サッカーをすること」とすると、どうなるでしょうか？

zu不定詞は句の最後に！

〈ドイツ語〉 **Fußball zu spielen** 〈英語〉to play soccer
フースバル　ツー　シュピーレン
zu 不定詞句

　zu 不定詞が目的語や前置詞句などをとる場合、その全体を「zu 不定詞句」といい、ふつうコンマ（,）で区切ります。また、ドイツ語では zu 不定詞は必ず zu 不定詞句の最後に置かれます。英語とは語順がちがうので注意しましょう！

❷ 「〜すること」──名詞的用法

　「〜すること」という意味で名詞的に使われる zu 不定詞（句）は、主語や述語の一部、目的語として用いることができます。

Sport zu treiben ist gut für die Gesundheit.
シュポルト　ツー　トライベン　イスト　ゲート　フューア　ディ　ゲズントハイト

主語

スポーツをすることは健康によい。

(= Es ist gut für die Gesundheit, Sport zu treiben.)

ここがポイント！ 　この場合、zu 不定詞の代わりに形式主語 es を先に置き、zu 不定詞句を後ろに回すこともできます。コンマを忘れずに！

Sein Traum ist, Fußballspieler zu werden.
ザイン　　　トラオム　　イスト　　　フースバルシュピーラー　　　ツー　　ヴェーアデン

彼の夢はサッカー選手になることです。　　　　　　`述語の一部`

　zu 不定詞を目的語とすることが多いおもな動詞は、versuchen（試す）、
vergessen（忘れる）、empfehlen（勧める）、vorhaben（予定する）などです。
フェアゲッセン　　　　　　エンプフェーレン　　　　　　フォーアハーベン

`コンマで区切る！`　　　　　　　　　　　　　　　`分離動詞の zu 不定詞`

Ich vergesse immer, ein Wörterbuch mitzubringen.
イヒ　　　フェアゲッセ　　　イマー　　　アイン　　ヴェルターブーフ　　ミットツーブリンゲン

わたしはいつも辞書を持ってくるのを忘れてしまう。　　`目的語`

`ここに注意！`　分離動詞の zu 不定詞は、前つづりの後に zu を入れ、間を空
けずに一語でつづります。anzurufen, aufzustehen
アンツールーフェン　アオフツーシュテーエン

❸ 「〜する（ための）…」──形容詞的用法

　Zeit（時間）や Lust（〜したい気持ち）など、特定の名詞を説明する
ツァイト　　　　　　　ルスト
zu 不定詞句もあります。

Ich habe keine Zeit , das Buch zu lesen.
イヒ　　ハーベ　　カイネ　　ツァイト　　　ダス　　ブーフ　　ツー　　レーゼン

わたしはその本を読む時間がない。

Hast du Lust , mit mir ins Kino zu gehen?
ハスト　ドゥー　ルスト　　　ミット　ミーア　インス　キーノ　ツー　　ゲーエン

きみはぼくと一緒に映画を見に行く気はあるかい？

❹ 「〜するために」──「目的」の um ... zu 不定詞（句）

　「〜するために」と目的を表すときは、zu 不定詞句の最初に um をつけ
ます。この um ... zu 不定詞は、よく文頭にも置かれます。
　　　　　　　　ウム　　ツー

`動詞の位置に注意！（定動詞第 2 位）`

Um die Tasche zu kaufen, geht sie ins Kaufhaus.
ウム　　ディ　タッシェ　　ツー　カオフェン　　　ゲート　ズィー　インス　カオフハオス

そのバッグを買うために、彼女はデパートへ行きます。

順番と日付の言い方 40

序数

数（基数）の言い方は 15 課で学びました。ここでは「一番目」「二番目」などと順番を表す序数について学びます。日付にも序数を使いますよ。

❶ 序数の言い方

序数を数字で表すときは、数字の後に必ず点（.）を打ちます（ドイツ語では Punkt と呼びます）。序数をつづるときや読むときは、基本的に
ブンクト
19. までは基数 + t です。ただし、1. は erst、3. は dritt と特別な形になり
エーアスト　　　　ドリット
ます。7. はふつう en を省いて siebt といい、8. は基数と同じ acht です。
ズィープト　　　　　　　　　　　　アハト

1. erst エーアスト	2. zweit ツヴァイト	3. dritt ドリット	4. viert フィーアト	5. fünft フュンフト
6. sechst ゼクスト	7. siebt ズィープト	8. acht アハト	9. neunt ノイント	10. zehnt ツェーント
11. elft エルフト	12. zwölft ツヴェルフト	13. dreizehnt ドライツェーント	14. vierzehnt フィアツェーント	15. fünfzehnt フュンフツェーント
16. sechzehnt ゼヒツェーント	17. siebzehnt ズィープツェーント	18. achtzehnt アハツェーント	19. neunzehnt ノインツェーント	

20. からは基数 + st で表します。

20. zwanzigst ツヴァンツィヒスト	21. einundzwanzigst アインウントツヴァンツィヒスト	22. zweiundzwanzigst ツヴァイウントツヴァンツィヒスト
30. dreißigst ドライスィヒスト	40. vierzigst フィアツィヒスト	50. fünfzigst フュンフツィヒスト
60. sechzigst ゼヒツィヒスト	70. siebzigst ズィープツィヒスト	80. achtzigst アハツィヒスト
90. neunzigst ノインツィヒスト	100. hundertst フンダートツト	

❷ 序数で順番を表そう！

順番を表す序数は、一種の形容詞として名詞につけられます。したがって、序数にも形容詞の語尾がつくので、忘れないようにしましょう。

mein erster Sohn わたしの長男
マイン　　エーアスター　　ゾーン

im 3.(dritten) Stock 3 階（日本の 4 階）に
イム　　　ドリッテン　　　シュトック

日本とはちがう階の数え方

ドイツでは 1 階を Erdgeschoss「地上階」と呼び、
エーアトゲショス
2 階 が der erste Stock、3 階 は der zweite Stock
デア エーアステ シュトック　　　　　　　　デア ツヴァイテ シュトック
と数えるので、日本式の階とは一つずれます。

ドイツでは	日本では
der zweite Stock	3 階
der erste Stock	2 階
das Erdgeschoss	1 階

❸ 日付の言い方を覚えよう!

○月○日と日付を表すときも、序数を使います。「～番目の日」と考え
ますが、Tag「日」は省略されます。日本語とは逆で、日 / 月 / 年の順番
　　　　　　ターク
に言います。次の二通りの言い方をおさえておけば大丈夫です。

①主語（1 格）として　| der －e |

Heute ist der zehnte Oktober.　今日は 10 月 10 日です。
ホイテ　イスト　デア　　ツェーンテ　　オクトーバー

Der erste Mai ist ein Feiertag.　5 月 1 日は祝日です。
デア　エーアステ　マイ　イスト　アイン　ファイアーターク

②前置詞句で　| am －en |　　○月○日に

Am 24.(vierundzwanzigsten) Dezember feiert man Weihnachten.
アム　　　　　　フィーアウントツヴァンツィヒステン　　　　　デツェンバー　　ファイアート　　マン　　　　ヴァイナハテン
12 月 24 日にはクリスマスを祝います。

Ich bin am 2.(zweiten) Juni 1969 geboren.
イヒ　ビン　アム　　　　　　ツヴァイテン　　　ユーニ　ノインツェーンフンダートノインウントゼヒツィヒ　ゲボーレン
わたしは 1969 年 6 月 2 日生まれです。

＊ geboren sein（時や場所を表す語句とともに）～に生まれた

❹ 年（西暦）の読み方

日付が出てきたところで年の読み方も見てみましょう。年は序数ではな
く、基数を用いますが、少し特殊な読み方をします。1100 年～ 1999 年
は、百の位で区切って ～hundert～ と言います。上の文にある 1969 年は
　　　　　　　　　　　フンダート
neunzehnhundertneunundsechzig、つまり、「19 百 69」というような言い
ノインツェーンフンダートノインウントゼヒツィヒ
方をするのです。でも、1099 年以前と 2000 年以降は普通の数字と同じ
ように読みます。たとえば、2024 年は zweitausendvierundzwanzig です。
　　　　　　　　　　　　　　　　　　ツヴァイタオゼントフィーアウントツヴァンツィヒ

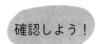

（接続詞・再帰動詞・zu 不定詞）

1 下線部にあてはまる接続詞を入れてみましょう。

1. Heute bleibe ich zu Hause, _____ es regnet.

2. Mein Vater muss arbeiten, _____ er krank ist.

3. Weißt du, _____ sie zwei Kinder hat?

4. _____ das Wetter schlecht ist, gehen wir nicht in die Stadt.

5. Ich möchte jetzt ins Bett gehen, _____ ich bin sehr müde.

＊ müde 疲れている、眠い

2 下線部には再帰代名詞を、（　　）には前置詞を入れてみましょう。

1. Ich interessiere _____（　　　）die deutsche Geschichte.

わたしはドイツ史に興味があります。＊ die deutsche Geschichte ドイツ史

2. Wir freuen _____（　　　）die Reise nach Wien.

わたしたちはウィーン旅行を楽しみにしています。　　＊ die Reise 旅行

3. Mein Sohn putzt _____ morgens die Zähne.

わたしの息子は毎朝、歯を磨きます。　　　　　＊ morgens 朝に、毎朝

3 与えられた単語を使って、zu 不定詞句を作ってみましょう。

1. Er hat keine Zeit, _____.（ins Theater gehen 観劇に行く）

彼は観劇に行く時間がない。

2. _____（viel essen 食べ過ぎる）ist ungesund.

食べ過ぎは不健康だ。＊ viel 多く、たくさん　ungesund = un- + gesund

3. Ich versuche, _____.（sie anrufen 彼女に電話する）

彼女に電話してみます。

4. _____（Deutsch lernen ドイツ語を学ぶ），besucht

Frau Suzuki einen Deutschkurs.　　＊ der Deutschkurs ドイツ語講座

ドイツ語を学ぶために、鈴木さんはドイツ語講座に通っています。

1 1. weil「雨なので、今日は家にいます」
   2. obwohl「わたしの父は病気であるにもかかわらず、働かなければ
       なりません」
   3. dass「彼女に子供が二人いるって知ってる？」
   4. Wenn「天気が悪ければ、わたしたちは街へ行きません」
   5. denn「わたしはもう（今）、寝たい。というのも、とても疲れて
       いるから」
       理由を表す従属の接続詞 weil も入りそうですが、動詞（bin）の位
       置に注目すると、後置されていませんね！ このように動詞の位置
       が変わっていなければ、並列の接続詞を入れます。

2 1. mich（für）
   2. uns（auf）
       「（これからの出来事を）楽しみにしている」というときは、前置
       詞は auf でしたね。
   3. sich

3 1. ins Theater zu gehen
       この zu 不定詞は Zeit（時間）という名詞を修飾しています。
   2. Viel zu essen
   3. sie anzurufen
       versuchen（試す）は zu 不定詞を目的語とすることができます。
       英語の try to … と同じですね。分離動詞の zu 不定詞は、前つづ
       りの後に zu を入れ、一語で書くのでしたね。
   4. Um Deutsch zu lernen
       目的を表すときは um … zu 不定詞「～のために」を使いましょう。

第38課 過去分詞を作ろう！
過去の出来事①

🎧41

　ここまで学んできたのは「現在」のことですが、ここからは過去の出来事についても話せるようになりましょう。

❶ 話し言葉は「現在完了形」、書き言葉は「過去形」

　ドイツ語では過去の出来事や行動について話すとき、ふつう「現在完了形」を使います。英語では、基本的に「〜したことがある」（経験）や「今、〜したばかり」（完了）など、現在に結びつく事柄を「現在完了形」で表し、過去の出来事は「過去形」で表しましたよね。でも、ドイツ語では「昨日〜した」と過去の出来事を話すときにも、「現在完了形」を使うのです。

　一方、「過去形」は、物語や小説、文書など、「書き言葉」で多く用いられます（ただし、書き言葉でも、親しい人とのメールや手紙などでは「現在完了形」がよく使われます）。

❷ 「現在完了形」は haben ＋過去分詞

　ですから、日常的には「過去形」よりも、圧倒的に「現在完了形」のほうがよく使われています。では、ドイツ語の「現在完了形」とはどのようなものなのか、ここで、少しだけ触れておきましょう。

　　　　　　完了の助動詞　　　　　　　　　　過去分詞

Ich habe gestern Deutsch gelernt. わたしは昨日ドイツ語を学んだ。
イヒ　ハーベ　ゲスターン　ドイチュ　ゲレルント

　ドイツ語の「現在完了形」も、やはり haben と過去分詞で作ります。でも、英語とは語順がちがいますね。「現在完了形」については、後でさらにくわしく学びますが、その前に、まずは過去分詞を作れるようになりましょう。

❸ 過去分詞の作り方

① 規則動詞の過去分詞

規則動詞の過去分詞は、不定詞の頭に ge- をつけ、語尾の -en の代わりに -t をつけて、ge—t という形になります。

wohnen 住む → **gewohnt**
ヴォーネン　　　　ゲヴォーント

lernen 学ぶ → **gelernt**
レルネン　　　　　ゲレルント

② 不規則動詞の過去分詞

不規則動詞の過去分詞はそれぞれ特殊な形をしています。ge—en という形になるものもあります。語尾以外のつづりも変化することがあるし、いろいろなパターンがあるので、暗記するしかありません。重要な不規則動詞の過去分詞はなるべく早く覚えるようにしましょう。

kommen 来る → **gekommen**
コメン　　　　　　ゲコメン

schreiben 書く → **geschrieben**
シュライベン　　　　　ゲシュリーベン

stehen 立っている → **gestanden**
シュテーエン　　　　　　ゲシュタンデン

sprechen 話す → **gesprochen**
シュプレッヒェン　　　　ゲシュプロッヘン

③ ge- がつかない過去分詞

「-ieren で終わる動詞」と「非分離動詞」の過去分詞には、頭の ge- がつきません。ただし、規則動詞では語尾の -t、不規則動詞では ge- を省いた部分の変化はしますので、忘れないように！

studieren （大学で）学ぶ → **studiert**
シュトゥディーレン　　　　　　　シュトゥディーアト

besuchen 訪れる → **besucht**
ベズーヘン　　　　　　ベズーフト

verstehen わかる → **verstanden**
フェアシュテーエン　　　　フェアシュタンデン

> stehen は不規則動詞！

④ 分離動詞の過去分詞

分離動詞の過去分詞は、分離の前つづりの後に ge- がくるようにして、間を空けずに一語でつづります。ここでもやはり不規則動詞は不規則な変化をします。

einkaufen 買い物をする → **eingekauft**
アインカオフェン　　　　　　　　アインゲカオフト

aufstehen 起床する → **aufgestanden**
アオフシュテーエン　　　　　　アオフゲシュタンデン

不規則動詞三要形を覚えよう!

過去の出来事② 42

「不定詞」が動詞の現在形の原形だとすると、「過去基本形」は過去形の原形です。それに「過去分詞」を加えたものを動詞の「三要形」といいます。

❶ 最も重要な sein、haben、werden の三要形

意味	不定詞	過去基本形	過去分詞
ある、いる (s)	sein	war	gewesen
持っている	haben	hatte	gehabt
なる (s)	werden	wurde	geworden

現在完了の助動詞は haben のほかに sein もあります。どちらを使うかは、動詞によって決まっているのです。ここでは sein を使うものだけ「(s)」で示しますが、それ以外は haben を使います。

❷ 重要な不規則動詞の三要形

この 30 の不規則動詞は基本的なものなので、前つづりをつければ分離動詞や非分離動詞にもなります。 ＊（分）= 分離動詞、（非分）= 非分離動詞

何度も声に出して練習しましょう。そのうち口が覚えてくれますよ。それに不規則動詞の過去基本形と過去分詞は辞書の見出し語にもなっていますので、安心してください。

意味	不定詞	過去基本形	過去分詞
とどまる (s)	bleiben	blieb	geblieben
持ってくる	bringen	brachte	gebracht
考える	denken	dachte	gedacht
食べる	essen	aß	gegessen
（乗り物で）行く (s)	fahren	fuhr	gefahren

捕まえる	fangen	fing	gefangen
見つける	finden	fand	gefunden
飛ぶ、飛行機で行く(s)	fliegen	flog	geflogen
与える	geben	gab	gegeben
行く (s)	gehen	ging	gegangen
助ける	helfen	half	geholfen
来る (s)	kommen	kam	gekommen
読む	lesen	las	gelesen
取る	nehmen	nahm	genommen
呼ぶ	rufen	rief	gerufen
（分）電話をかける	anrufen	rief ... an	angerufen
眠る	schlafen	schlief	geschlafen
書く	schreiben	schrieb	geschrieben
見る	sehen	sah	gesehen
座っている	sitzen	saß	gesessen
話す	sprechen	sprach	gesprochen
立っている	stehen	stand	gestanden
（分）起床する (s)	aufstehen	stand ... auf	aufgestanden
（非分）理解する	verstehen	verstand	verstanden
登る (s)	steigen	stieg	gestiegen
（分）降りる (s)	aussteigen	stieg ... aus	ausgestiegen
死ぬ (s)	sterben	starb	gestorben
会う	treffen	traf	getroffen
飲む	trinken	trank	getrunken
忘れる	vergessen	vergaß	vergessen
消える (s)	verschwinden	verschwand	verschwunden
成長する (s)	wachsen	wuchs	gewachsen
知っている	wissen	wusste	gewusst
引く	ziehen	zog	gezogen
（分）引っ越す (s)	umziehen	zog ... um	umgezogen

現在完了形

過去の出来事③

43

~~~~~~

　過去分詞は作れるようになりましたか？　それではさっそく現在完了形の文を作ってみましょう！

❶ haben ＋ 過去分詞

　現在完了形は基本的に、完了の助動詞 haben と過去分詞を組み合わせて作ります。

┌─── 枠構造 ───┐　　　　　　　　　　　　　　　╱ lernen の過去分詞

Gestern habe ich Deutsch gelernt.　わたしは昨日ドイツ語を学んだ。
　ゲスターン　　ハーベ　　イヒ　　ドイチュ　　　ゲレルント

完了の助動詞 ╱　　　　　　　　　　　　過去分詞（文末に！）

　haben が定動詞となり、文中の第2位にきますが、この haben は主語によって、人称変化します。そして、過去分詞は文末です！（過去分詞はさらに変化することはありません）ここでも、haben と過去分詞で「枠構造」が形成されます。

　疑問文の例文も見ておきましょう！

　　　　　　　　　　　　　　　　　　　　　　╱ essen の過去分詞

Hast du schon zum Frühstück gegessen? —Nein, noch nicht.
　ハスト　ドゥー　ショーン　ツム　フリューシュテュック　ゲゲッセン　　　　ナイン　　ノッホ　　ニヒト

　　もう朝食食べた？──いや、まだだよ。

　　　　　　　　　　　　　　　　　　　　　　╱ machen の過去分詞

Was haben Sie am Wochenende gemacht?　週末に何をしましたか？
　ヴァス　　ハーベン　ズィー　アム　　ヴォッヘンエンデ　　ゲマハト

　普通の疑問文では haben は文頭に、疑問詞つきの疑問文では、疑問詞の後の第2位に haben がきます。過去分詞はどちらの場合も文末です。

　例文に出てきた lernen や essen や machen のように、ほとんどの動詞が haben を完了の助動詞とします。このような動詞を「haben 支配の動詞」と言います。

❷ sein ＋ 過去分詞

完了の助動詞に sein を使う動詞もあり、「sein 支配の動詞」と言います。haben か sein か、どうやって判断したらいいのでしょう？ 4 格の目的語をとる「他動詞」なら、まず haben 支配です。「自動詞」のうちで、おもに次のような特徴を持つ動詞が「sein 支配の動詞」です。第 39 課の一覧表では「(s)」がついています。

① 「行く」「来る」系……場所の移動を表す自動詞（gehen「行く」、fahren「（乗り物で）行く」、kommen「来る」、fliegen「（飛行機で）行く」、umsteigen「乗り換える」など）

Meine Eltern sind nach Berlin gefahren.
マイネ　エルターン　ズィント　ナーハ　ベルリーン　ゲファーレン

わたしの両親はベルリンへ行きました。

Wir sind in Frankfurt umgestiegen.
ヴィーア　ズィント　イン　フランクフルト　ウムゲシュティーゲン

わたしたちはフランクフルトで乗り換えました。

② 「いる」「ある」系……存在を表す自動詞（sein「いる」、bleiben「とどまる」など）

Am Wochenende bin ich zu Hause geblieben.
アム　ヴォッヘンエンデ　ビン　イヒ　ツー　ハオゼ　ゲブリーベン

週末、わたしは家にいました。

③ 「なる」「起こる」系……状態の変化を表す自動詞（werden「なる」、sterben「死ぬ」、passieren「起こる」、aufstehen「起床する」など）

Was ist hier passiert? ここで何があったの？
ヴァス　イスト　ヒーア　パスィーアト

Ich bin um 7 Uhr aufgestanden. わたしは 7 時に起きた。
イヒ　ビン　ウム　ズィーベン　ウーア　アオフゲシュタンデン

ここに注意！　besuchen は「〜を訪れる」。意味から判断すると「行く」「来る」系にも思えます。でも、besuchen は 4 格の目的語をとる他動詞で、haben 支配なので、気をつけましょう。

Wir haben ein Museum besucht. わたしたちは美術館を訪れました。
ヴィーア　ハーベン　アイン　ムゼーウム　ベズーフト

第41課 過去形
過去の出来事④

　日常生活では、過去の出来事について話すとき、基本的に「現在完了形」を使うことは、すでに見てきましたね。しかし、sein や haben など、一部の動詞では、話し言葉でも「過去形」のほうがよく使われます。

❶ 過去形も人称変化する！

　まずは、過去形の作り方を説明しましょう。<u>規則動詞の「過去基本形」は不定詞の語尾 -en を取り、代わりに -te をつけたもの</u>です。たとえば、machen「する、作る」の「過去基本形」は machte になります。しかし、これで終わりではありません。<u>過去形はさらに、人称変化をするのです！</u> つまり、実際に使うときは、「過去基本形」を元に、主語によって、語尾を変えなくてはなりません。

過去形の人称変化語尾　⇒　machen の過去形

ich	—	wir	—(e)n
du	—st	ihr	—t
er	—	sie	—(e)n
		Sie	—(e)n

ich	**machte**	wir	**machten***
du	**machtest**	ihr	**machtet**
er	**machte**	sie	**machten***
		Sie	**machten***

同じ

* 過去形が -e で終わっているときは、-n をつけるだけ。

　<u>過去形の人称変化では、主語が ich と er（sie, es）のとき同形で、過去基本形のまま（人称変化の語尾なし）であること</u>に、注目しましょう！

❷ sein の過去形 —— war

　最もよく使われる過去形は sein の過去形でしょう。sein は不規則動詞で、その三要形は sein-war-gewesen でしたね。war が過去基本形です。これを元に人称変化の語尾をつけると、次のようになります。

102

ich **war**   wir **waren**
イヒ ヴァール   ヴィーア ヴァーレン

du **warst**   ihr **wart**
ドゥー ヴァールスト   イーア ヴァールト

er **war**   sie **waren**
エア ヴァール   ズィー ヴァーレン

Sie **waren**
ズィー ヴァーレン

Wie war die Party? —Super ! パーティはどうだった？ ──最高だったよ！
ヴィー ヴァール ディ パーティ ズーパー

　ちなみに、schon mal「今までに（〜したことがある）」という副詞句
ショーン マール
は、「経験」を問うときによく用いられますが、現在完了形だけではなく、
sein の過去形と一緒に使うこともできます。

Warst du schon mal in Deutschland? —Nein, noch nie.
ヴァールスト ドゥー ショーン マール イン ドイチュラント ナイン ノッホ ニー
　　ドイツに行ったことがある？ ──いや、一度もない。

（ **比べてみよう** Bist du schon mal in Deutschland gewesen?）
　　　　　　　　　　　└ 現在完了形 　　　　　 ＊どちらの文でも OK です。

❸ haben の過去形 ── hatte
ハッテ

haben の過去形 hatte もよく使われます。人称変化を見てみましょう。
　　　　　　　　ハッテ

ich **hatte**   wir **hatten**
イヒ ハッテ   ヴィーア ハッテン

du **hattest**   ihr **hattet**
ドゥー ハッテスト   イーア ハッテット

er **hatte**   sie **hatten**
エア ハッテ   ズィー ハッテン

Sie **hatten**
ズィー ハッテン

Gestern hatte er Fieber. 昨日、彼は熱があった。
ゲスターン ハッテ エア フィーバー

　実際の話し言葉では、現在完了形と war や hatte などの過去形をミック
スして使います。過去の時を表す副詞（句）が現在完了の文でも使われた
り、また逆に、経験を表す副詞が過去形の文でも使われたり……。どうや
ら、ドイツ語は時制に関しては、英語ほど厳密ではなさそうですね。

第42課 「〜していただけますか」
丁寧な言い方（接続法Ⅱ式） 🎧45

　できるだけ丁寧に頼みごとをしたいときや、自分の考えを控え目に伝えたいとき、どのように言えばいいのでしょうか？ 最後の課では、ちょっとハイレベルな表現に挑戦してみましょう！

❶ 「接続法」って何?

　これまでに学んできたのは、物事をありのままに、ストレートに伝える「直説法」という話し方でした。それに対して、仮定の話や非現実な願望など、必ずしも事実であるとは限らないことまでも伝えるのが「接続法」です（英語の「仮定法」にあたります）。物事をストレートに伝えるのではなく、あえて遠まわしに、やわらかく伝えたいとき（丁寧な依頼、控え目な意見表明）にも、接続法が用いられます。

❷ 接続法Ⅱ式の形

　接続法にはⅠ式とⅡ式があり、それぞれ動詞が特殊な形になります。丁寧な依頼や、控え目な意見表明には、「接続法Ⅱ式（以後、「接Ⅱ」と略します）」を使います。接Ⅱは過去形を元にして作られ、たいていウムラウトが入るので、ぱっと見ただけで接Ⅱとわかります。日常的によく使う接Ⅱの動詞はだいたい決まっています。主語とセットで覚えてしまいましょう。さしあたり、ich と Sie が主語のときの形をおさえれば、大丈夫ですよ。

sein の接Ⅱ	ich **wäre** / es **wäre** イヒ　ヴェーレ　　エス　ヴェーレ	
haben の接Ⅱ	ich **hätte** イヒ　ヘッテ	Sie **hätten** ズィー　ヘッテン
können の接Ⅱ	ich **könnte** イヒ　ケンテ	Sie **könnten** ズィー　ケンテン
werden の接Ⅱ	ich **würde** イヒ　ヴュルデ	Sie **würden** ズィー　ヴュルデン

ここに注意!　接Ⅱは、形は「過去」に見えますが、意味的には「現在」です！

❸ 日常的に使う「外交的話法」

じつは、第 29 課で学んだ ich möchte ...「〜したいのですが」も、接
Ⅱを用いた表現の一つなのです（möchte は mögen「〜がすき」の接Ⅱ）。
これと同じように、買い物やレストランでの注文の時、よく使われるのが、
ich hätte gern ... です。接続法を使うことで、自分の望みを控え目に表す
ことができます。

Ich hätte gern ein Käsebrot. チーズパンを一ついただけますか。
イヒ　ヘッテ　ゲルン　アイン　ケーゼブロート

質問があるときは、Ich habe eine Frage.「質問があります」（←直説法）
と言いますが、もっと丁寧に控え目に言いたいなら、接続法を使います。

Ich hätte eine Frage. 質問があるのですが。
イヒ　ヘッテ　アイネ　フラーゲ

また、人に何か頼みごとをしたいときは、直説法で Können Sie ...? と
言ったり（第 27 課参照）、Sie に対する命令法（第 10 課参照）で言うこ
とができましたね。これをできるだけ丁寧に言いたいときも、やはり接続
法を使って、Könnten Sie ...? あるいは Würden Sie ...?「〜していただけ
ますか」と言います。

Könnten Sie mir sagen, wo der Bahnhof ist?
ケンテン　ズィー　ミーア　ザーゲン　ヴォー　デア　バーンホーフ　イスト

駅がどこにあるのか、教えていただけますか？

（ 比べてみよう Können Sie mir sagen, wo der Bahnhof ist?）

Würden Sie mir bitte mal helfen?
ヴュルデン　ズィー　ミーア　ビッテ　マール　ヘルフェン

ちょっと手伝っていただいてもよろしいですか？

（ 比べてみよう Helfen Sie mir bitte mal!）

一つ一つの動詞を接Ⅱに変えるのは、かなり大変です。そんなときは上
の例文のように、werden「…になる」の接Ⅱの würde を入れて、「würde
... 不定詞」の形にしてしまえば、簡単に済みますよ。

（現在完了・過去・接続法）

1 指定された動詞を現在完了形にして、下線部に完了の助動詞と過去分詞を入れてみましょう。

1. Was _____ du gestern _____?（machen「する」）

2. Gestern _____ ich um 7 Uhr _____.（aufstehen「起床する」）

3. Um 8 Uhr _____ ich _____.（frühstücken「朝食をとる」）

4. Dann _____ ich zur Uni _____.（fahren「〈乗り物で〉行く」）

＊ dann それから

5. Am Nachmittag _____ ich Romane _____ und E-Mails _____.（lesen「読む」、schreiben「書く」）＊ die E-mail E メール

2 指定された動詞を現在完了形に、また sein と haben は過去形にしてみましょう。

1. _____ Sie schon mal in Deutschland?（sein「である」）

2. Ja. Letztes Jahr _____ ich mit meiner Familie nach Berlin _____.（fliegen「〈飛行機で〉行く」）

＊ letztes Jahr 昨年、die Familie 家族

3. Das _____ sehr schön!（sein「である」）

4. Wir _____ viel _____ und _____.（essen「食べる」、trinken「飲む」）

5. _____ Sie ein Museum _____?（besuchen「訪問する」）

6. Nein, wir _____ keine Zeit.（haben「持っている」）

3 下線部を接続法Ⅱ式にして、もっと丁寧な言い方にしてみましょう。

1. Ich habe gern eine Suppe.

2. Können Sie mir sagen, wo die Bank ist?

1 1. <u>hast</u>, <u>gemacht</u>「きみは昨日何をしたの？」

2. <u>bin</u>, <u>aufgestanden</u>「昨日わたしは 7 時に起床しました」
   aufstehen は sein 支配。分離動詞の過去分詞は前つづりの後に ge- を入れるのでしたね。

3. <u>habe</u>, <u>gefrühstückt</u>「8 時にわたしは朝食をとりました」
   frühstücken は長い単語ですが、分離動詞ではありませんよ。

4. <u>bin</u>, <u>gefahren</u>「それからわたしは大学へ行きました」
   fahren は「行く・来る系」sein 支配でしたね。

5. <u>habe</u>, <u>gelesen</u>, <u>geschrieben</u>「午後、わたしは小説を読み、メールを書きました」

2 1. <u>Waren</u>「ドイツに行った（いた）ことがありますか？」
   schon mal が入ると「経験」を問う文になります。

2. <u>bin</u>, <u>geflogen</u>「はい、昨年、わたしは家族とベルリンへ（飛行機で）行きました」
   fliegen も「行く・来る系」sein 支配です。

3. <u>war</u>「すばらしかった！」

4. <u>haben</u>, <u>gegessen</u>, <u>getrunken</u>「わたしたちはたくさん食べて、飲みました」

5. <u>Haben</u>, <u>besucht</u>「あなた（たち）は美術館に行きましたか？」
   besuchen は haben 支配でしたね。非分離動詞なので過去分詞に ge- はつきません。

6. <u>hatten</u>「いいえ、時間がありませんでした」

3 1. <u>hätte</u>「スープを一ついただけますか」

2. <u>Könnten</u>「銀行がどこにあるのか、教えていただけますか？」

「〜される」

受動態

〜〜〜〜〜〜〜〜〜〜〜〜〜〜〜〜〜〜〜〜〜〜〜〜〜〜〜〜〜〜〜〜〜〜〜

「人（物）が〜をする」と言うのを能動態というのに対して、「人（物）が〜される」ことを言うときに使うのが受動態です。

❶ werden ＋ 過去分詞
ヴェーアデン

受動態は助動詞 werden と過去分詞で表し、「〜される」と訳します。
ヴェーアデン
werden は不規則変化です。

ich	**werde**	wir	**werden**
イヒ	ヴェーアデ	ヴィーア	ヴェーアデン
du	**wirst**	ihr	**werdet**
ドゥー	ヴィルスト	イーア	ヴェーアデット
er	**wird**	sie	**werden**
エア	ヴィルト	ズィー	ヴェーアデン
	Sie	**werden**	
	ズィ	ウェーアデン	

（枠構造）

Sie wird zur Party eingeladen. 彼女はパーティに招待される。
ズィー　ヴィルト　ツーア　パーティ　アインゲラーデン

　　[受動の助動詞]　　　　　[過去分詞（文末に！）]

　過去分詞が文末にきて、助動詞 werden とともに「枠構造」を作っていますね。「〜された」と過去の時制にしたいときは werden を過去形wurde にするだけです。人称変化を見てみましょう。
ヴルデ

ich	**wurde**	wir	**wurden**
イヒ	ヴルデ	ヴィーア	ヴルデン
du	**wurdest**	ihr	**wurdet**
ドゥー	ヴルデスト	イーア	ヴルデット
er	**wurde**	sie	**wurden**
エア	ヴルデ	ズィー	ヴルデン
	Sie	**wurden**	
	ズィー	ヴルデン	

Die Schule wurde von Hundertwasser gebaut.
ディ　　　シューレ　　　ヴルデ　　　フォン　　　フンダートヴァッサー　　　ゲバオト

その学校はフンダートヴァッサーによって建てられた。

Die Schule wurde durch das Erdbeben zerstört.
ディ　　　シューレ　　　ヴルデ　　　ドゥルヒ　ダス　　エーアトベーベン　　　ツェアシュテーアト

その学校は地震によって破壊された。

　「〜によって」と行為者を表すときは von ＋人（３格）を、原因となっ
フォン
た出来事を表すときは durch ＋出来事（４格）を用います。
ドゥルヒ

❷ 能動文を受動文に書き換える方法

① 能動文の４格目的語を受動文の１格主語にする。

② 時制が現在なら werden、過去なら wurde を受動文の定動詞にする。
動詞を過去分詞にして文末に置く。

③ 能動文の１格主語を人なら von ＋人（３格）、出来事なら durch ＋
出来事（４格）にして受動文に入れる。

［能動文］**Goethe schrieb den Roman.**　ゲーテがその小説を書いた。
ゲーテ　　　シュリープ　　デン　　ロマーン

［受動文］**Der Roman wurde von Goethe geschrieben.**
デア　　　ロマーン　　　ヴルデ　　　フォン　　ゲーテ　　　ゲシュリーベン

その小説はゲーテによって書かれた。

　能動文の主語として man が使われていた場合、受動文にしたときには
von ＋人では表さず省略します。

［能動文］**In Österreich spricht man Deutsch.**
イン　　　エースタライヒ　　　シュプリヒト　　マン　　ドイチュ

［受動文］**In Österreich wird Deutsch gesprochen.**
イン　　　エースタライヒ　　　ヴィルト　　ドイチュ　　　ゲシュプロッヘン

オーストリアではドイツ語が話されている。

「…より〜だ」「最も〜だ」
比較級と最上級

ドイツ語の形容詞と副詞にも原級、比較級、最上級という形があります。

❶ 「…と同じくらい〜だ」：so ＋ 原級 ＋ wie
ゾー　　　　　　ヴィー

何かと比べ「…と同じくらい〜だ」というときは原級（もとのままの形）
と so 〜 wie を使います。

原級

Mein Bruder ist so alt wie deine Schwester.
マイン　　ブルーダー　イスト　ゾー　アルト　ヴィー　ダイネ　　シュヴェスター

わたしの兄（弟）はきみの姉（妹）と同じ年齢です。

nicht を加え否定形にすると「…ほど〜ではない」という意味になります。

原級

Hans ist nicht so fleißig wie Thomas.
ハンス　イスト　ニヒト　ゾー　フライスィヒ　ヴィー　トーマス

ハンスはトーマスほど勤勉ではない。

❷ 比較級 「…より〜だ」：-er
二つのものを比べて「…より〜だ」というときの形容詞や副詞の形が比
較級です。原級に -er をつけて表し、比べる対象は als の後に置きます。

比較級

Die Schweiz ist kleiner als Österreich.
ディ　シュヴァイツ　イスト　クライナー　アルス　エースタライヒ

スイスはオーストリアより小さい。

❸ 最上級 「最も〜だ」：-st
三つ以上のものの中で「最も〜だ」というときは最上級にします。原級
に -st をつけて表しますが、述語や副詞として使う場合は am -sten（am
アム　ステン
最上級 + -en）という形になります。

Der Zug ist am schnellsten. その列車が一番速い。
デア　ツーク　イスト　アム　シュネルステン

形容詞の最上級は名詞の前に置き、それを修飾することもできますが、その場合、ドイツ語では原級の時と同様に<u>形容詞の語尾をつけなければなりません。</u>

最上級（-st）＋形容詞の語尾（-e）

Der ICE ist <u>der schnellste</u> Zug in Deutschland.
デア　イーツェーエー　イスト　　デア　　　シュネルステ　　　ツーク　イン　　　ドイチュラント

　　その ICE はドイツで最も速い列車です。

　原級なら der schnelle Zug「速い列車」と語尾 -e をつけますね。最上
　　　　　　　デア　シュネレ　ツーク
級の形（-st）にしたときも同じ語尾が必要なのです。

　「定冠詞＋最上級」の後に置かれる名詞は省略されることもあります。

Thomas ist <u>der fleißigste</u> in der Klasse.
トーマス　　イスト　デア　　フライスィヒステ　イン　デア　　　クラッセ

　　トーマスはクラスで最も勤勉だ。

　このように最上級の後に名詞（ここでは Student や Schüler）がなくても意味が通じる場合、名詞は省略されます。

❹　不規則な比較・最上級

　母音（a, o, u）を一つだけ含む短い形容詞や副詞は多くの場合、比較・最上級にするとウムラウトします。

jung 若い	jünger	jüngst
ユング	ユンガー	ユングスト
alt 古い、年上の	älter	ältest
アルト	エルター	エルテスト

　alt のように原級が -t で終わる形容詞は、最上級の語尾が -est になります。

　さらに一部の形容詞や副詞は全く不規則な変化をします。

gut よい	besser	best
グート	ベッサー	ベスト
groß 大きい	größer	größt
グロース	グレーサー	グレースト

Julia ist meine beste Freundin.　ユーリアはわたしの親友です。
ユーリア　イスト　マイネ　　ベステ　　フロインディン

すぐに使えるドイツ語

　ドイツ語が少しわかってきたら、さっそく使ってみましょう！　文法に自信がなくても大丈夫！　細かいことはあまり気にせず、楽しく使うことが大事です。ここではカードやメールにちょこっと添えられる簡単なフレーズと友達や家族に言ってみたいちょっとすてきな言葉を紹介します。

♣ お祝い、励ましの言葉

Alles Gute !　ご多幸を！ お元気で！
アレス　　　　ゲーテ

Alles Gute zum Geburtstag !　お誕生日おめでとう！
アレス　　　　ゲーテ　　　ツム　　　　ゲブーアツターク

　Alles Gute は短くて言いやすく、お祝いの言葉として万能です。直訳すると「たくさんいいことがありますように」。代わりに Herzlichen Glückwunsch「心からお祝い申し上げます」でも構いません。後ろに zum Geburtstag をつければ「お誕生日おめでとう」、zur Hochzeit なら「ご結婚おめでとう」になります。
　　　　　　　　　　　　　　　　　　　　ヘルツリッヘン
グリュックヴンシュ　　　　　　　　　　　　　　　　　　　　ツーア　ホホツァイト

Ich wünsche dir viel Erfolg !　成功を祈っています！
イヒ　　　　ヴュンシェ　　ディーア　フィール　エアフォルク

　Ich wünsche dir/Ihnen は英語の I wish you に相当し「〜を祈ります」という意味。Erfolg（成功）の代わりに Glück（幸運）や Gesundheit（健康）も入れることができます。
　　　　　　　　　　　　　　　　　　　　グリュック　　　　ゲズントハイト

Mach's gut !　元気でね！ じゃあね！
マハス　　　　ゲート

　友達同士で気軽に使われる別れの挨拶で、英語の Take care! に近いです。

Toi, toi, toi !　うまくいきますように！ がんばって！
トイ　トイ　トイ

　成功を祈るおまじないの言葉。

Prost! / Zum Wohl! 乾杯!
プロースト　　　ツム　　ヴォール

ビールの国ドイツに行ったら必ず使う Prost! ミュンヒェンなど南ドイ
ツでは Prosit! が一般的です。ワイングラスで乾杯するときやかしこまっ
プローズィット
た席では Zum Wohl! がいいでしょう。乾杯の際は、相手とアイコンタク
トをとることも忘れずに!

♣ 年末年始の言葉

Frohe Weihnachten! メリークリスマス!
フローエ　　　　　ヴァイナハテン

Frohes neues Jahr! よい新年を! 新年おめでとう!
フローエス　　　ノイエス　　　ヤール

Glückliches neues Jahr! 幸せな新年を! ハッピーニューイヤー!
グリュックリッヒェス　　　　ノイエス　　　ヤール

Einen guten Rutsch ins neue Jahr! よいお年を!
アイネン　　　グーテン　　　　ルッチュ　　インス　　ノイエ　　ヤール

　ドイツではクリスマスカードに「Frohe Weihnachten und ein gutes
フローエ　　　ヴァイナハテン　　ウント　アイン　グーテス
neues Jahr!「メリークリスマス、そしてよい新年を!」などと言葉を添
ノイエス　　ヤール
えて送ります。大晦日 Silvester が近づくと人との別れ際に Frohes neues
Jahr! や Guten Rutsch! と声をかけます。日本語の「よいお年を!」にあ
たります。Rutsch は「滑り落ちること」、なぜこの言葉が使われるように
なったかは諸説あるようですが、雪の中をそりでひゅーんと滑って飛んで、
うまく新年に着地してね、という感じがユーモアがありますね。

♣「よい〜を!」「〜を楽しんで!」

Viel Spaß! 楽しんできてね!
フィール　シュパース

Gute Reise! よい旅を!
グーテ　　ライゼ

Schönes Wochenende! よい週末を!
シェーネス　　　ヴォッヘンエンデ

　これから遊びに行く友人には Viel Spaß!「楽しんできてね!」と声をか
けましょう。Gute Reise! は旅の幸運を祈る言葉です。金曜日の夕方の別
れ際には Schönes Wochenende! と言ってみましょう。手紙やメールの終

わりに添えるのもいいですね。

❖食事の時の言葉

Guten Appetit! おいしく召し上がれ！
グーテン　　アペティート

Gleichfalls. あなたもね
グライヒファルス

　ドイツ語では食事の前に Guten Appetit! と言います。ただし、この言葉は「おいしく召し上がれ」「食事を楽しんで」という意味で食事をする相手にかける言葉だということに注意しましょう（食べる本人が言う「いただきます」とは使い方がちがいます）。料理を運んできたレストランのウエイターやウエイトレスが客に言う言葉でもあります。食事を一緒にする相手に Guten Appetit! と先に言われたら、同じ言葉を返したいですね。そんなときは Gleichfalls! と言えばいいのです。

❖メールや SNS で使える言葉

Lieber（男性の名前）! / Liebe（女性の名前）! 親愛なる〜！
リーバー　　　　　　　　　　　リーベ

Gute Idee! いいアイデアだね！
グーテ　イデー

Alles klar! 了解です！
アレス　クラー

Kein Problem. 問題ないよ
カイン　プロブレーメ

Bis bald! / Bis dann! またね！
ビス　バルト　ビス　ダン

Viele (Schöne/Beste/Liebe) Grüße! よろしく！（結びの言葉）
フィーレ　シェーネ　ベステ　リーベ　グリューセ

❖スケジュール帳に書き込める言葉

Reise 旅行
ライゼ

Urlaub 休暇
ウーアラオプ

Geburtstag 誕生日
ゲブーアツターク

Party パーティ
パールティ

Job アルバイト
ジョブ

Prüfung 試験
プリューフング

Referat 発表・レポート
レフェラート

Sprechstunde 面会
シュプレヒシュトゥンデ

Sitzung 会議
ズィッツング

Frühstück 朝食
フリューシュテュック

Mittagessen 昼食
ミッタークエセン

Abendessen 夕食
アーベントエセン

Kino 映画館
キーノ

Konzert コンサート
コンツェルト

Friseur 美容院
フリゼーア

Arzt 医者
アールツト

Zahnarzt 歯医者
ツァーンアールツト

　「すぐにでもドイツ語を使ってみたい！」と思ったら、スケジュール帳に短い言葉を書き込んでみるのはいかがでしょう。ひとりで気軽に始められるし、相手に通じるかどうかも気にする必要がありません。

　書き方は簡単！　たとえば……

Erika 25. Geburtstag　　　　　エリカの 25 歳の誕生日

Reise nach Kyoto　　　　　京都へ旅行

Mittagessen mit Yuto　　　　　ユウトとランチ

17:00–20:00 Job/Jobben im Café
　　　　　17 時から 20 時までカフェでバイト

18:00 Konzert in Yokohama　　18 時に横浜でコンサート

　このように前置詞と名詞、あるいは動詞の不定詞を組み合わせるだけで、簡単に書けます。ドイツ語が上達することはもちろん、これなら万一だれかに見られても自分の予定が知られることもなく一石二鳥ですね。

　「こんなドイツ語でいいのかな……」と思うこともあるかもしれませんが、基本的にスケジュールの書き方は「こうでなければいけない」という決まりがあるわけではありません。自分がわかるように、そして何よりも楽しく書くことが大事だと思います。

この本に出てきた単語

~~~~~~

A

Abend
アーベント
男晚

aber
アーバー
しかし

abfahren
アプファーレン
自（乗り物で）出発する

acht
アハト
8

achtzehn
アハツェーン
18

achtzig
アハツィヒ
80

alt
アルト
古い、年上の

am
アム
an + dem

an
アン
〜に接して、〜のきわに

ankommen
アンコメン
自到着する

anrufen
アンルーフェン
他電話をかける

ans
アンス
an + das

anziehen
アンツィーエン
再 sich⁴ anziehen 服を着る

April
アプリル
男 4 月

Arbeit
アルバイト
女仕事

arbeiten
アルバイテン
自働く

ärgern
エルガーン
他怒らせる；sich⁴ ärgern 怒る、腹を立てる

Arzt
アルツト
男医者（男性）

Ärztin
エルツティン
女医者（女性）

auf
アオフ
〜の上に

aufgestanden　aufstehen の過去分詞
アオフゲシュタンデン

aufmachen
アオフマッヘン
他開ける

aufstehen
アオフシュテーエン
自起床する、立ち上がる

Auge
アオゲ
中目

August
アオグスト
男 8 月

aus
アオス
〜（の中）から

Ausflug
アオスフルーク
男ハイキング

aussteigen
アオスシュタイゲン
自（乗り物から）降りる

ausziehen
アオスツィーエン
再 sich⁴ ausziehen 服を脱ぐ

Auto
アオト
中車

B

Bahn
バーン
女鉄道

Bahnhof
バーンホーフ
男駅

Bank
バンク
女銀行

bauen
バウエン
他建てる

beeilen
ベアイレン
再 sich⁴ beeilen 急ぐ

bei
バイ
〜の所で、〜の際に

beim
バイム
bei + dem

Berlin
ベルリーン
中ベルリン

Beruf
ベルーフ
男職業

besuchen
ベズーヘン
他訪ねる

besucht
ベズーフト
besuchen の過去分詞

Bett
ベット
中ベッド

Bibliothek
ビブリオテーク
女図書館

Bier
ビーア
中ビール

billig
ビリヒ
安い

bin
ビン
sein の①単現在形

bist
ビスト
sein の②単現在形

bitte
ビッテ
どうぞ

blau
ブラオ
青い

bleiben
ブライベン
自とどまる

braun
ブラオン
茶色い

Bruder
ブルーダー
男兄、弟

Buch ブーフ	中本	
Bus ブス	男バス	

C

Café カフェー	中カフェ	

D

danke ダンケ	ありがとう	
dann ダン	それから	
darf ダルフ	dürfen の ①・③単 現在形	
das¹ ダス	これ、それ	
das² ダス	定冠詞中 単1・4 格	
dass ダス	～ということ	
dein ダイン	きみの	
dem デム	定冠詞男・中単3 格	
den デン	定冠詞男単4 格、複3 格	
denn デン	というのも	
der デア	定冠詞男単1 格、女単3 格	
Deutsch ドイチュ	中ドイツ語	
Deutschkurs ドイチュクルス	男ドイツ語講座	
Deutschland ドイチュラント	中ドイツ	
Dezember デツェンバー	男12 月	
dich ディヒ	きみを（4 格）	
die ディ	定冠詞女単1・4 格、複1・4 格	
Dienstag ディーンスターク	男火曜日	
dir ディーア	きみに（3 格）	
doch ドッホ	たのむから；しかし	
donnern ドナーン	自雷が鳴る	
Donnerstag ドナースターク	男木曜日	
dort ドルト	あそこに	

drei ドライ	3	
dreißig ドライスィヒ	30	
dreizehn ドライツェーン	13	
dritt ドリット	3 番目の	
du ドゥー	きみは（1 格）	
durch ドゥルヒ	～を通って	
dürfen デュルフェン	～してもよい	
Durst ドゥルスト	男のどの渇き	
duschen ドゥッシェン	再sich⁴ duschen シャワーを浴びる	

E

Ei アイ	中卵	
ein アイン	不定冠詞男1格、中1・4 格	
eine アイネ	不定冠詞女1・4 格	
einem アイネム	不定冠詞男・中3 格	
einen アイネン	不定冠詞男4 格	
einer アイナー	不定冠詞女3 格	
eingekauft アインゲカオフト	einkaufen の過去分詞	
einkaufen アインカオフェン	他買い物をする	
einladen アインラーデン	他招待する	
einmal アインマール	一度	
eins アインス	1	
einsteigen アインシュタイゲン	自（乗り物に）乗る	
Eis アイス	中アイス、氷	
elf エルフ	11	
Eltern エルターン	複両親	
E-mail イーメイル	女Eメール	
empfehlen エンプフェーレン	他勧める	
England エングラント	中イギリス	
Englisch エングリッシュ	中英語	

er エア	彼は（1格）	Foto フォート	中写真
Erdbeben エーアトベーベン	中地震	fotografieren 自他写真をとる フォトグラフィーレン	
Erdgeschoss 中地上階（日本の1階） エーアトゲショス		Frage フラーゲ	女質問
erfahren エアファーレン	他経験する	fragen フラーゲン	他質問する、たずねる
erst エーアスト	1番目の	Frankfurt フランクフルト	中フランクフルト
es エス	中それは（1格）; それを（4 格）; 非人称主語	Frau フラオ	女女の人 ; ～さん、～夫人
		Fräulein フロイライン	中お嬢さん
essen エッセン	自他食べる	Freitag フライターク	男金曜日
Essen エッセン	中食事	Freude フロイデ	女喜び
euch オイヒ	きみたちに・を（3・4格）	freuen フロイエン	再sich⁴ freuen 楽しみであ る（auf）・うれしい（über）
euer オイアー	きみたちの		
Europa オイローパ	中ヨーロッパ	Freund フロイント	男友人（男）
		freundlich 親切な フロイントリヒ	
F		frisch フリッシュ	新鮮な
fahr ファール	fahren の②単命令形	Frühstück 中朝食 フリューシュテュック	
fahren ファーレン	自（乗り物で）行く、（～ を）運転する	frühstücken 自朝食をとる フリューシュテュッケン	
		fünf フュンフ	5
Fahrrad ファールラート	中自転車	fünfzehn フュンフツェーン	15
fährst フェールスト	fahren の②単現在形	fünfzig フュンフツィヒ	50
fährt フェールト	fahren の③単現在形	für フューア	～のために、～にとって
falsch ファルシュ	間違った	Fuß フース	男足
Familie ファミーリエ	女家族	Fußball フースバル	男サッカー
Februar フェーブルアール	男2月	Fußballspieler 男サッカー選手 フースバルシュピーラー	
feiern ファイアーン	他祝う		
Feiertag ファイアーターク	男祝日	**G**	
Fenster フェンスター	中窓	gar ガール	全く
Fernseher フェルンゼーアー	男テレビ	geben ゲーベン	他与える
Fieber フィーバー	中熱	geblieben bleiben の過去分詞 ゲブリーベン	
finden フィンデン	他見つける、～だと思う	geboren ゲボーレン	～生まれの
fleißig フライスィヒ	熱心な ; 一生懸命	gefahren fahren の過去分詞 ゲファーレン	
fliegen フリーゲン	自（飛行機で）行く	gefallen ゲファレン	自～は…のお気に入りだ

118

gefällt ゲフェルト	gefallen の ③単現在形	halb ハルプ	半分の
gegen ゲーゲン	～に対して、～に反対して	Hand ハント	女手
gegessen ゲゲッセン	essen の過去分詞	Hände ヘンデ	Hand の複数形
gehen ゲーエン	自行く	hängen ヘンゲン	他～を掛ける；自～が掛 かっている
gehören ゲヘーレン	自～は…のものである		
gekommen ゲコメン	kommen の過去分詞	hässlich ヘスリヒ	醜い
gelb ゲルプ	黄色い	hast ハスト	haben の ②単現在形
Geld ゲルト	中お金	hat ハット	haben の ③単現在形
Gemüse ゲミューゼ	中野菜	hatte ハッテ	haben の過去基本形
Germanistik ゲルマニスティク	女ドイツ文学・語学	hätte ヘッテ	haben の ①・③単接Ⅱ
gern ゲルン	好んで（～する）	Haus ハオス	中家
Geschenk ゲシェンク	中プレゼント	heiß ハイス	暑い、熱い
Geschichte ゲシヒテ	女歴史	heißen ハイセン	自～という名前である
geschrieben ゲシュリーベン	schreiben の過去分詞	helfen ヘルフェン	自助ける
gesprochen ゲシュプロッヘン	sprechen の過去分詞	Hemd ヘムト	中シャツ
gestanden ゲシュタンデン	stehen の過去分詞	her ヘーア	こちらへ
gestern ゲスターン	昨日	Herr ヘル	男～さん、～氏
gesund ゲズント	健康な	heute ホイテ	今日
Gesundheit ゲズントハイト	中健康	hier ヒーア	ここに・で
Getränk ゲトレンク	中飲み物	hilft ヒルフト	helfen の ③単現在形
Getränke ゲトレンケ	Getränk の複数形	hinfahren ヒンファーレン	自（乗り物で）行く
gewesen ゲヴェーゼン	sein の過去分詞	hinter ヒンター	～の後ろに
gibt ギープト	geben の ③単現在形	Hotel ホテル	中ホテル
Gleis グライス	中…番ホーム	Hund フント	男犬
glücklich グリュックリヒ	幸せな	hundert フンダート	100
groß グロース	大きい	Hunger フンガー	男空腹
grün グリューン	緑色の	Hut フート	男帽子
gut グート	よい・よく		

H

haben ハーベン	他～を持っている		

I

ich イヒ	わたしは（1格）
ihm イーム	彼に・それに（3格）

ihn イーン	彼を・それを（4格）
ihnen イーネン	彼らに・彼女らに・それらに（3格）
Ihnen イーネン	あなた（たち）に（Sie 3格）
ihr¹ イーア	きみたちは(1格); 彼女に・それに（3格）
ihr² イーア	彼女の、彼らの、それらの
Ihr イーア	あなた（たち）の
im イム	in + dem
immer イマー	いつも
in イン	〜（の中）に
ins インス	in + das
interessant インテレサント	おもしろい
interessieren インテレスィーレン	再 sich⁴ interessieren 興味がある
ist イスト	sein の 3単 現在形

J

ja ヤー	はい
Jacke ヤッケ	女 上着
Jahr ヤール	中 年
Januar ヤヌアール	男 1月
Japan ヤーパン	中 日本
Japaner ヤパーナー	男 日本人（男性）
Japanerin ヤパーネリン	女 日本人（女性）
Japanisch ヤパーニッシュ	中 日本語
jetzt イェッツット	今
Juli ユーリ	男 7月
jung ユング	若い
Juni ユーニ	男 6月

K

Kaffee カフェー	男 コーヒー
kalt カルト	寒い、冷たい
kann カン	können の 1・3単 現在形
kannst カンスト	können の 2単 現在形
Käsebrot ケーゼブロート	中 チーズパン
kaufen カオフェン	他 買う
Kaufhaus カオフハオス	中 デパート
kein カイン	（一つも）…ない（否定冠詞）
kennen ケネン	知っている、面識がある
Kind キント	中 子供
Kinder キンダー	Kind の複数形
Kino キーノ	中 映画
Klasse クラッセ	女 クラス
Klavier クラヴィーア	中 ピアノ
klein クワイン	小さい
klingeln クリンゲルン	自 ベルを鳴らす
klopfen クロプフェン	自 ノックする
Koch コッホ	男 コック、料理人
kommen コメン	自 来る
König ケーニヒ	男 王
können ケネン	〜できる
könnten ケンテン	können の Sie 接 II
Konzert コンツェルト	中 コンサート
Kopf コプフ	男 頭
Kopfschmerzen コプフシュメルツェン	複 頭痛
krank クランク	病気の
Krieg クリーク	男 戦争
Kuchen クーヘン	男 ケーキ
Kugelschreiber クーゲルシュライバー	男 ボールペン
kühl キュール	涼しい

kurz クルツ	短い；ちょっと	März メルツ	男3月
		mehr メーア	もっと
L		mein マイン	わたしの
lange ランゲ	長く	mich ミヒ	わたしを（4格）
langweilig ラングヴァイリヒ	退屈な	Milch ミルヒ	女牛乳
laut ラオト	大きな声で	mir ミーア	わたしに（3格）
legen レーゲン	他～を置く	mit ミット	～と一緒に、～で
Lehrer レーラー	男先生	mitbringen ミットブリンゲン	他～を持ってくる、持
leider ライダー	残念ながら		参する
leise ライゼ	静かに	Mittag ミッターク	男昼
lernen レルネン	他学ぶ	Mittwoch ミットヴォッホ	男水曜日
lesen レーゼン	他読む；自読書する	möchte メヒテ	～したいのですが
Lesen レーゼン	中読むこと、読書	Montag モーンターク	男月曜日
letzt レッツト	最後の、最近の	Morgen モルゲン	男朝
Leute ロイテ	複人々	morgen モルゲン	明日
Liebe リーベ	女愛	morgens モルゲンス	朝に、毎朝
lieben リーベン	他～を愛する	müde ミューデ	疲れた、眠い
liegen リーゲン	自～にある	München ミュンヒェン	ミュンヒェン
liest リースト	lesen の ②・③単現在形	Museum ムゼーウム	中美術館
Lust ルスト	女（～したい）気持ち	muss ムス	müssen の ①・③単現在形
lustig ルスティヒ	楽しい	müssen ミュッセン	～しなければならない
		Mutter ムッター	女母
M			
machen マッヘン	他する、作る	**N**	
machte マハテ	machen の過去基本形	nach ナーハ	～へ、～の後
Mädchen メートヒェン	中少女	Nachmittag ナーハミッターク	男午後
Mai マイ	男5月	Nacht ナハト	女夜
mal マール	ちょっと	neben ネーベン	～の横に、隣に
man マン	人々（不特定）	nehmen ネーメン	他取る、決める
Mann マン	男男の人	nein ナイン	いいえ
Mantel マンテル	男コート	nett ネット	親切な

neu ノイ	新しい	
neun ノイン	9	
neunzehn ノインツェーン	19	
neunzig ノインツィヒ	90	
nicht ニヒト	～でない（否定）	
nie ニー	決して～ない	
nimmt ニムト	nehmen の ③単 現在形	
noch ノッホ	まだ	
November 男 11 月 ノヴェンバー		
nur ヌーア	とにかく；ただ	

O

ob オプ	～かどうか	
obwohl オプヴォール	～にもかかわらず	
oder オーダー	あるいは	
ohne オーネ	～なしで	
Oktober 男 10 月 オクトーバー		
Oper 女 オペラ オーバー		
Österreich 中 オーストリア エースタライヒ		
Österreicher 男 オーストリア人 エースタライヒャー		

P

Park 男 公園 パーク		
parken パルケン	自 駐車する	
Party 女 パーティ パーティ		
passieren パスィーレン	他 起こる	
passiert パスィーアト	passieren の過去分詞	
Politik 女 政治 ポリティーク		
Post 女 郵便局 ポスト		
Pullover 男 セーター プローヴァー		
putzen プッツェン	他 磨く	

R

Rauch 男 煙、タバコ ラオホ		
rauchen ラオヘン	自 他 タバコを吸う	
regnen レーグネン	雨が降る	
Reise 女 旅行 ライゼ		
richtig リヒティヒ	正しい	
riechen リーヒェン	自 においがする	
Roman 男 小説（複 Romane） ロマーン	ロマーネ	
rot ロート	赤い	
ruhig ルーイヒ	静かな・に	

S

sagen ザーゲン	他 言う	
Samstag 男 土曜日 ザムスターク		
Schauspieler 男 俳優 シャオシュピーラー		
Schauspielerin 女 俳優 シャオシュピーレリン		
schenken シェンケン	他 贈る、プレゼントする	
schicken シッケン	他 送る	
schlafen シュラーフェン	自 眠る	
schläfst シュレーフスト	schlafen の ②単 現在形	
schlecht シュレヒト	悪い	
Schlüssel 男 鍵 シュリュッセル		
Schmerze 男 痛み シュメルツェ		
Schmerzen Schmerz の複数形 シュメルツェン		
schneien シュナイエン	雪が降る	
schnell シュネル	速い；急いで	
schon ショーン	もう	
schön シェーン	美しい	
schreiben シュライベン	他 書く	
Schuh 男 靴 シュー		
Schuhe Schuh の複数形 シューエ		

Schule シューレ	囡学校	
schwarz シュヴァルツ	黒い	
Schweiz シュヴァイツ	囡スイス	
Schwester シュヴェスター	囡姉、妹	
sechs ゼクス	6	
sechzehn ゼヒツェーン	16	
sechzig ゼヒツィヒ	60	
sehen ゼーエン	他見る	
sehr ゼーア	とても	
sei ザイ	sein の②単命令形	
seid ザイト	sein の②複現在形・命令形	
seien ザイエン	sein の Sie に対する命令形	
sein¹ ザイン	自～である	
sein² ザイン	彼の、それの	
September ゼプテンバー	男9月	
setzen ゼッツェン	再 sich⁴ setzen 座る	
sich ズィヒ	再帰代名詞③ 3・4格	
sie ズィー	彼女は・彼らは・それ（ら）は（1格）；彼女を・彼らを・それ（ら）を（4格）	
Sie ズィー	あなた（たち）は（1格）；あなた（たち）を（4格）	
sieben ズィーベン	7	
siebt ズィープト	7番目の	
siebzehn ズィープツェーン	17	
siebzig ズィープツィヒ	70	
sieh ズィー	sehen の②単命令形	
sind ズィント	sein の①・③複現在形	
sitzen ズィッツェン	自座る	
Sohn ゾーン	男息子	
soll ゾル	sollen の①・③単現在形	

sollen ゾレン	～すべきだ	
Sommer ゾマー	男夏	
sonnig ゾニヒ	晴れた	
Sonntag ゾンターク	男日曜日	
spät シュペート	（時間的に）遅い	
Spaziergang シュパツィーアガング	男散歩	
Spiel シュピール	回遊び	
spielen シュピーレン	他遊ぶ、（スポーツを）する、演奏する	
Sport シュポルト	男スポーツ	
sprechen シュプレッヒェン	自話す	
sprich シュプリヒ	sprechen の②単命令形	
sprichst シュプリヒスト	sprechen の②単現在形	
spricht シュプリヒト	sprechen の③単現在形	
Stadt シュタット	囡街	
stecken シュテッケン	他～を入れる	
stehen シュテーエン	自立っている	
stellen シュテレン	他～を（立てて）置く	
Stock シュトック	男階	
Straße シュトラーセ	囡通り	
Straßenbahn シュトラーセンバーン	囡路面電車	
streng シュトレング	厳しい	
Student シュトゥデント	男大学生	
studieren シュトゥディーレン	自大学で（専門的に）学ぶ	
studiert シュトゥディーアト	studieren の過去分詞	
Stuhl シュトゥール	男椅子	
Stunde シュトゥンデ	囡時間	
Stunden シュトゥンデン	Stunde の複数形	
Stuttgart シュトゥットガルト	回シュトゥットガルト	
super ズーパー	すばらしい	
Supermarkt ズーパーマルクト	男スーパーマーケット	

Suppe 　　女スープ
ズッペ

T

Tag 　　男日
ターク

tanzen 　　自ダンスをする
タンツェン

Tasche 　　女バッグ、ポケット
タッシェ

tausend 　　1000
タオゼント

Taxi 　　中タクシー
タクスィ

Tee 　　男紅茶
テー

Telefon 　　中電話
テレフォーン

teuer 　　（値段が）高い
トイアー

Theater 　　中劇場
テアーター

Tisch 　　男机
ティッシュ

tragen 　　他運ぶ、身につける
トラーゲン

trägt 　　tragen の③単現在形
トレークト

Traum 　　男夢
トラオム

treiben 　　他する
トライベン

trinken 　　自他飲む
トリンケン

Tür 　　女ドア
テューア

U

U-Bahn 　　女地下鉄
ウーバーン

über 　　～の上方に
ユーバー

übersetzen¹ 　他翻訳する
ユーバーゼッツェン

übersetzen² 　他向こうへ渡す・置く
ユーバーゼッツェン

Uhr 　　女時計、～時
ウーア

um 　　～のまわりを（に）
ウム

umgestiegen 　umsteigen の過去分詞
ウムゲシュティーゲン

umsteigen 　自乗り換える
ウムシュタイゲン

umziehen 　再sich⁴ umziehen　着替え
ウムツィーエン
　　　　　　る、引っ越す

und 　　そして、～と～
ウント

unfreundlich 不親切な
ウンフロイントリヒ

ungesund 不健康な
ウンゲズント

Uni 　　女大学
ウーニ

uninteressant 　おもしろくない
ウンインテレサント

uns 　　わたしたちに・を（3・4格）
ウンス

unser 　　わたしたちの
ウンザー

unter 　　～の下に
ウンター

Urlaub 　　男休暇
ウーアラオプ

V

Vater 　　男父
ファーター

vergessen 　他忘れる
フェアゲッセン

verheiratet 　結婚している
フェアハイラーテット

verstanden 　verstehen の過去分詞
フェアシュタンデン

verstehen 　他理解する
ノエアシュテーエン

versuchen 　他試す
フェアズーヘン

viel 　　多く、たくさん
フィール

vier 　　4
フィーア

Viertel 　　中4 分の 1、15 分
フィアテル

vierzehn 　14
フィアツェーン

vierzig 　40
フィアツィヒ

Vogel 　　男鳥
フォーゲル

vom 　　von + dem
フォム

von 　　～から
フォン

vor 　　～の前に
フォーア

vorhaben 　他予定する
フォーアハーベン

Vorlesung 　女講義
フォーアレーズング

Vormittag 　男午前
フォーアミッターク

vorstellen 　再sich⁴ vorstellen 自己紹
フォーアシュテレン
　　　　　　介する

124

W

Wagen	男 車
ヴァーゲン	
Wand	女 壁
ヴァント	
wann	いつ
ヴァン	
war	sein の過去基本形
ヴァール	
wäre	sein の ①・③ 単 接 Ⅱ
ヴェーレ	
warm	あたたかい
ヴァルム	
warst	sein の ② 単 過去形
ヴァールスト	
warum	なぜ
ヴァルム	
was	何が・何を
ヴァス	
waschen	他 洗う；sich⁴ waschen 体
ヴァッシェン	を洗う
Weihnachten	中 クリスマス
ヴァイナハテン	
weil	～なので
ヴァイル	
weiß¹	白い
ヴァイス	
weiß²	wissen の ①・③ 単 現在形
ヴァイス	
weißt	wissen の ② 単 現在形
ヴァイスト	
wem	だれに（3格）
ヴェーム	
wen	だれを（4格）
ヴェーン	
wenn	～なら、～すると
ヴェン	
wer	だれが（1格）
ヴェーア	
werden	自 なる
ヴェーアデン	
Wetter	中 天気
ヴェッター	
wie	どのように
ヴィー	
wieder	また
ヴィーダー	
Wien	中 ウィーン
ヴィーン	
will	wollen の ①・③ 単 現在形
ヴィル	
windig	風のある
ヴィンディヒ	
wir	わたしたちは（1格）
ヴィーア	
wissen	他 知っている
ヴィッセン	
wo	どこに
ヴォー	

Wochenende	中 週末
ヴォッヘンエンデ	
woher	どこから
ヴォヘーア	
wohnen	自 住んでいる
ヴォーネン	
wolkig	曇った
ヴォルキヒ	
wollen	～したい
ヴォレン	
Wörterbuch	中 辞書
ヴェルターブーフ	
würde	werden の ①・③ 単 接 Ⅱ
ヴュルデ	
würden	werden の Sie 接 Ⅱ
ヴュルデン	
Wurst	女 ソーセージ
ヴルスト	

Z

Zahn	男 歯
ツァーン	
Zähne	Zahn の複数形
ツェーネ	
Zahnschmerzen	複 歯痛
ツァーンシュメルツェン	
zehn	10
ツェーン	
zeigen	自 他 示す、見せる
ツァイゲン	
Zeit	女 時間
ツァイト	
zerstören	他 破壊する
ツェアシュテーレン	
Zimmer	中 部屋
ツィマー	
Zoo	男 動物園
ツォー	
zu	～へ
ツー	
Zug	男 電車、列車
ツーク	
zum	zu + dem
ツム	
zur	zu + der
ツア	
zurückkommen	自 帰ってくる
ツリュックコメン	
zusammenarbeiten	自 協力して働く
ツザメンアルバイテン	
zwanzig	20
ツヴァンツィヒ	
zwei	2
ツヴァイ	
zwischen	～の間に
ツヴィッシェン	
zwölf	12
ツヴェルフ	

切りとり単語カード

【使い方】

　この本に出てきた重要単語を 100 個選んで、カードにしました。表にはドイツ語、裏には日本語が書いてあります。一枚ずつ点線で切り取って使いましょう。

①パンチで穴をあけて、リングで束ねれば、暗記用単語帳としてすぐに使えます。
②束ねずに机の上にカードを一枚一枚並べて使うこともできます。まずはドイツ語の面を上にして、単語の意味が答えられるように練習しましょう！

der **Abend**	der **Fernseher**
der **Arzt**	die **Frage**
das **Auto**	die **Frau**
der **Bahnhof**	der **Freund**
der **Beruf**	das **Frühstück**
das **Buch**	der **Fußball**
das **Deutsch**	der **Hunger**
(das) **Deutschland**	die **Jacke**
die **Eltern**	der **Japaner**
das **Fahrrad**	der **Kaffee**

男 テレビ	男 晩
女 質問	男 医者（男性）
女 女の人； 〜さん、〜夫人	中 車
男 友人（男）	男 駅
中 朝食	男 職業
男 サッカー	中 本
男 空腹	中 ドイツ語
女 上着	中 ドイツ
男 日本人（男性）	複 両親
男 コーヒー	中 自転車

das **Kind**	die **Mutter**
das **Klavier**	der **Nachmittag**
der **Kugelschreiber**	die **Nacht**
der **Lehrer**	der **Pullover**
die **Leute**	der **Schlüssel**
die **Lust**	die **Schuhe**
der **Mann**	die **Schule**
der **Mantel**	die **Schwester**
der **Mittag**	der **Sohn**
der **Morgen**	die **Stadt**

囡 母	由 子供
男 午後	由 ピアノ
囡 夜	男 ボールペン
男 セーター	男 先生
男 鍵	複 人々
複 靴 （男 Schuh の複数形）	囡 （〜したい）気持ち
囡 学校	男 男の人
囡 姉、妹	男 コート
男 息子	男 昼
囡 街	男 朝

die **Straße**	der **Vormittag**
der **Student**	der **Wagen**
der **Stuhl**	die **Wand**
die **Suppe**	das **Wetter**
der **Tag**	das **Wochenende**
die **Tasche**	die **Wurst**
der **Tisch**	der **Zahn**
der **Traum**	die **Zeit**
die **Uhr**	das **Zimmer**
der **Vater**	der **Zug**

男 午前	女 通り
男 車	男 大学生
女 壁	男 椅子
中 天気	女 スープ
中 週末	男 日
女 ソーセージ	女 バッグ、ポケット
男 歯	男 机
女 時間	男 夢
中 部屋	女 時計、〜時
男 電車、列車	男 父

alt	morgen
dort	nett
fleißig	neu
gestern	richtig
glücklich	rot
hier	schön
jetzt	schwarz
kalt	verheiratet
krank	warm
kurz	weiß

明日	古い
親切な	あそこに
新しい	熱心な；一生懸命
正しい	昨日
赤い	幸せな
美しい	ここに・で
黒い	今
結婚している	寒い、冷たい
あたたかい	病気の
白い	短い；ちょっと

arbeiten	lesen
fahren	nehmen
fliegen	schenken
geben	schlafen
gefallen	schreiben
gehören	spielen
heißen	sprechen
helfen	studieren
kommen	wissen
lernen	wohnen

読む、読書する	働く
取る、決める	（乗り物で）行く、 （〜を）運転する
贈る、プレゼントする	（飛行機で）行く
眠る	与える
書く	〜は…の お気に入りである
遊ぶ、（スポーツを） する、演奏する	〜は…のものである
話す	〜という名前である
大学で（専門的に）学ぶ	助ける
知っている	来る
住んでいる	学ぶ

本書は 2017 年に小社より刊行された『すてきなドイツ語』に増補し、新版としたものです。

著者紹介

清水紀子（しみず のりこ）
1999 年、上智大学大学院博士課程修了。
現在、上智大学ほか非常勤講師。
主な訳書
ベアトリクス・シュニッペンケッター『世界じゅうの子どもたち──いろいろな幸せのかたち──』（主婦の友社）

気軽にはじめる すてきなドイツ語 ［増補新版］

2024 年 5 月 20 日 印刷
2024 年 6 月 15 日 発行

著　者 ©　清　水　紀　子
発行者　　　岩　堀　雅　己
印刷所　　　株式会社三秀舎

発行所　101-0052 東京都千代田区神田小川町 3 の 24
電話 03-3291-7811（営業部），7821（編集部）　株式会社　白水社
www.hakusuisha.co.jp
乱丁・落丁本は送料小社負担にてお取り替えいたします。

振替 00190-5-33228　　　Printed in Japan　　　誠製本株式会社

ISBN978-4-560-09971-1